Coleção
EDUCAÇÃO
Financeira &
Empreendedorismo

SEU DINHEIRO, SUA DECISÃO!

6

Silvia Azevedo

Economista pela Universidade Presbiteriana Mackenzie

Pós-graduada em Gestão de Projetos –
Práticas – PMI (*Project Management Institute*)

Atuou por mais de duas décadas em áreas financeiras
dos principais bancos brasileiros e
filiais de bancos internacionais no Brasil

Consultora de negócios para projetos
nas áreas de tecnologia

editora HARBRA

Direção Geral: Julio E. Emöd

Supervisão Editorial: Maria Pia Castiglia

Revisão de Texto: Estevam Vieira Lédo Jr.

Revisão de Provas: Ana Olívia Pires Justo

Programação Visual e Capa: Grasiele Lacerda Favatto Cortez

Editoração Eletrônica: Neusa Sayuri Shinya
Mônica Roberta Suguiyama

Fotografias da Capa: Shutterstock

Impressão e Acabamento: EGB – Editora Gráfica Bernardi

CIP-Brasil. Catalogação na Publicação
SINDICATO NACIONAL DOS EDITORES DE LIVROS, RJ

A988s
v. 6

Azevedo, Silvia.
Seu dinheiro, sua deci$ão! / Silvia Azevedo - 1. ed. - São Paulo : HARBRA, 2018.
64 p.: il.; 28 cm.   (Educação financeira e empreendedorismo).

manual do professor
ISBN 978-85-294-0484-4

1. Finanças pessoais. 2. Educação financeira. I. Título. II. Série.

17-42940   CDD: 332.024
                            CDU: 330.567.2

SEU DINHEIRO, SUA DECI$ÃO! – 6.º ano

Copyright © 2018 por editora HARBRA ltda.
Rua Joaquim Távora, 629
04015-001 – São Paulo – SP
Tel.: (0.xx.11) 5084-2482. Fax: (0.xx.11) 5575-6876
Endereço eletrônico: www.harbra.com.br

ISBN da coleção 978-85-294-0483-7
ISBN 978-85-294-0484-4

Impresso no Brasil   *Printed in Brazil*

APRESENTAÇÃO

A inclusão da Educação Financeira na Base Nacional Comum Curricular (BNCC) brasileira representou um enorme avanço em termos de inclusão social e amadurecimento econômico da população.

Para acompanhar essa tendência importantíssima é que foi pensado e criado cada um dos contos desta coleção, contos estes que discutem, por meio de diálogos, questões presentes diariamente na mídia, como o endividamento e o consumo motivados pelo crédito, que possibilitou a muitas famílias o acesso a bens até então inacessíveis.

Seu Dinheiro, sua Deci$ão! é uma coleção de Educação Financeira que, utilizando-se de diálogos entre amigos e familiares, tem por objetivo ensinar e conscientizar jovens e adolescentes o real valor do dinheiro e a importância de se distinguir entre o que desejamos ter e o que precisamos ter, promovendo um diálogo a respeito de desejos e necessidades, de objetivos e futuro, de investimentos e projetos.

A proposta desta coleção também é estimular uma reflexão sobre a atual cultura de fomento ao consumo impulsivo e imediatista, incentivando o leitor a pensar em valores, oportunidades e consequências de suas ações, introduzindo conceitos básicos de Economia, como custo *versus* oportunidade e valor do dinheiro no tempo.

Composta de quatro volumes, esta obra apresenta uma sequência de contos sobre situações cotidianas que respeita uma evolução dos assuntos tratados. Essa forma lúdica de apresentação do conteúdo facilita a compreensão dos temas e aproxima o leitor do texto.

Neste primeiro volume, os diálogos entre os personagens visam a cativar a atenção dos jovens para a importância da Educação Financeira, apresentando motivos pelos quais o leitor deve aprender a lidar com o dinheiro; ter objetivos e saber como alcançá-los; saber julgar as decisões de consumo; aprender a gerir gastos; entender os meios de pagamento disponíveis no mercado; e compreender a importância de se poupar dinheiro.

O segundo volume tem por objetivo introduzir conceitos e ferramentas úteis para o ensino da administração de patrimônio, tratando de tópicos importantes, como a escassez de recursos. Superando a complexidade inata ao tema, esse volume aproxima novamente os assuntos ao cotidiano do jovem, utilizando como exemplos as contas de fim de ano, em que as despesas são muitas e se concentram em um curto espaço de tempo. Para tanto, são abordados tópicos como impostos, festas, férias, compras parceladas, uso indiscriminado do cartão de crédito e possibilidade de contratação de empréstimos. Também são ressaltados a importância do investimento e os motivos pelos quais acreditamos ser fundamental a manutenção de contas bancárias por jovens. Não poderíamos deixar de discutir a importância da continuação dos estudos e a busca por novas profissões.

O terceiro volume aprofunda o conceito de custo e oportunidade, provocando o leitor a repensar suas escolhas de consumo e respectivas consequências. Também são introduzidos os conceitos básicos de inflação e corrupção na economia. A possibilidade de empreender também é abordada, sendo mais explorada quando se apresenta a possibilidade de os alunos trabalharem para obter recursos financeiros para a viagem de formatura.

O quarto e último volume procura consolidar e cristalizar a maturidade financeira adquirida pelo leitor durante o estudo dos volumes anteriores, introduzindo temas como Banco Central do Brasil e outros órgãos e índices econômicos. Também são apresentados os principais produtos financeiros de investimento. O foco do quarto volume é provocar a discussão sobre a importância de o jovem se organizar e se planejar financeiramente no longo prazo, trazendo a mensagem de que devemos nos preocupar desde cedo com o nosso futuro.

Ao final de cada volume, a seção "Meu *Blog* Financeiro" é um espaço para o leitor se posicionar depois de cada conto.

Esperamos que os leitores reflitam sobre valores, consumo, desejos e prioridades, que avaliem as próprias necessidades e entendam o dia a dia financeiro de uma família, e que, por fim, compreendam que dinheiro é parte de nossa vida, mas não é responsável por nosso sucesso.

Silvia Azevedo

SUMÁRIO

POR QUE TENHO DE APRENDER EDUCAÇÃO FINANCEIRA SE AINDA NÃO PAGO CONTAS?

Ontem, eu e o João estávamos conversando no intervalo da aula a respeito da nova matéria, Educação Financeira. Na verdade, tudo me parece muito estranho. Afinal, aqui na escola nenhum amigo meu trabalha! Portanto, ninguém paga contas! E se ninguém paga contas, então não precisamos nos preocupar em saber como arrumar dinheiro para pagá-las, certo?

— Errado, Pedro! Hoje, você pode não pagar as contas, mas, com certeza, você faz parte das despesas da casa. Essas despesas é que precisam ser conhecidas por todos nós, independentemente da idade ou se trabalhamos ou não. Aliás, aqui cabe um comentário: nós não trabalhamos, Pedro, mas muitos na nossa idade já trabalham para ajudar em casa! – disse João.

Agora, Pedro estava perdido – ele não tinha entendido nada do que João falou. Afinal, a aula seria para ensinar a eles o que fazer para ajudar a família a pagar as contas, já que muitas crianças na idade deles já fazem isso, e também para conhecer o quanto cada um custa para a família, seria isso? Na dúvida, Pedro resolveu perguntar:

— Por que tenho de aprender Educação Financeira se ainda não pago contas? João, já que você sabe tudo, me diga: nós vamos aprender a trabalhar ou só vamos ficar sabendo quanto custamos aos nossos pais?

João não aguentou e começou a rir! Depois, falou o que sabia:

— Pedro, hoje em dia, as pessoas da nossa idade em geral não sabem quanto custa um litro de leite, um livro, uma mensalidade escolar. Não estão acostumadas a economizar água, que já está faltando, menos ainda a se preocupar com o amanhã! Com tudo isso acontecendo, as escolas resolveram incluir essa matéria para nos ensinar não só a dar valor ao dinheiro, mas também para pensarmos no futuro! Por exemplo, você sabe o preço de alguma coisa que é necessária na sua casa ou daquilo que deseja comprar?

— Bom, João, eu não ando investigando a vida dos meus pais e também não acho que precise saber o quanto eles gastam no supermercado, mas sei quanto custa o tênis que quero comprar, o meu novo console para o jogo, o *videogame* novo... Tá bom, né?

— Não sei, Pedro! Por que você acredita que seus pais podem lhe dar tudo? Se você parar para pensar, será que continuará achando que precisa comprar tudo isso? Acho que estamos comprando um monte de coisas apenas para termos em casa, e o pior é que não nos preocupamos nem com o que faremos com elas quando não as quisermos mais!

— Ah! Essa resposta eu sei... Nós vamos deixar em um ponto de reciclagem! Fala a verdade: muito boa essa minha solução, hein?

— Pedro, reciclar o lixo não evita o desperdício... Claro que a resposta é muito boa, mas será melhor não ter tanto lixo para reciclar, concorda?

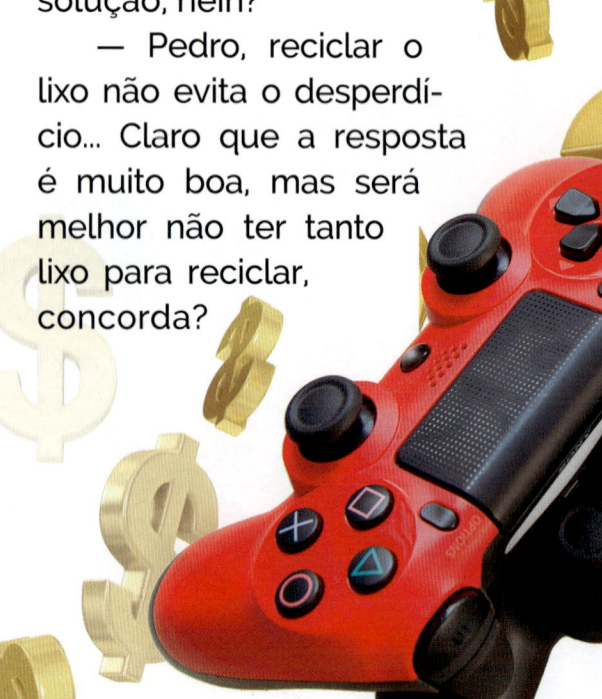

Acho que está na hora de termos um pouco de consciência, de darmos valor ao que vamos comprar. O fato é que tudo o que queremos não nos custou nada, mas custou aos nossos pais, que trabalharam para pagar tudo isso.

— Nossa, João, que sermão! Eu gosto de jogar meu *videogame*, não todo dia, mas jogo de vez em quando. Também gosto dos meus tênis... Tá certo que tenho muitos. Aliás, já tenho de me livrar de alguns, que apesar de estarem novos não servem mais em mim.

— É disso que estou falando, João! Nós vamos comprando sem nem nos darmos conta do que realmente precisamos. Fazemos isso porque não precisamos fazer nada para tê-los, nosso único trabalho é escolher, e nossos pais pagam! O que você acha disso?

— Não sei, mas talvez essa nova matéria me ajude a responder!

SEU DINHEIRO, SUA DECI$ÃO!

- Faça uma lista de suas dez últimas compras; se possível, informe a data em que elas ocorreram.
- Avalie o quanto elas eram necessárias.
- Com que frequência os objetos comprados foram usados?
- Se você tivesse dinheiro para comprar somente uma coisa, qual dos itens de sua lista compraria? Após a escolha, responda por que as outras compras deixariam de ser importantes.
- Pense e responda: se pudesse devolver e trocar as compras por algo diferente, o que você devolveria e o que pegaria em troca?

Agora que você já analisou suas compras, verifique novamente sua lista e atribua notas a cada uma, conforme as sugestões abaixo:

- 6 pontos para as compras que você nem esperava fazer, pois não precisava do produto;
- 5 pontos para as compras feitas após conhecer o produto em lojas ou em casa de amigos, mas que, se não as tivesse feito, nada iria faltar;
- 4 pontos para as compras feitas porque o preço parecia estar muito baixo e você não poderia perder a "pechincha";
- 3 pontos para as compras que completavam outros brinquedos ou coleções, ou que, na verdade, só são mais um modelo do que você já tem – é um desejo de ter mais do mesmo;

- 2 pontos para as compras que já haviam sido pesquisadas em várias lojas, mas, como no momento da compra o preço estava baixo, você entendeu que era a hora de comprar;
- 1 ponto para as compras em que foi validada a necessidade junto a seus pais.

Com base na tabela abaixo, avalie se está comprando certo!

DATA	COMPRA	PRODUTO	PONTOS
	1		
	2		
	3		
	4		
	5		
	6		
	7		
	8		
	9		
	10		
		TOTAL DE PONTOS	

Se a soma de seus pontos estiver entre:

- **60 e 51 pontos** – Fique longe de promoções e grandes lojas, você tem feito compras por impulso, ou seja, podem ser desnecessárias!
- **50 e 41 pontos** – Você está comprando só pelo preço de oportunidade (oferta) ou para ter mais do mesmo. Pense antes de comprar se realmente precisa do que está comprando, pois talvez seja mais interessante guardar o dinheiro para outra oportunidade.
- **40 e 31 pontos** – Antes de comprar dê mais uma olhada em tudo; afinal, você está comprando mais por vontade de ter determinada coisa ou por ser uma promoção do que por necessidade. Claro que as tentações são muitas, mas também existem várias outras coisas das quais precisamos.
- **30 e 21 pontos** – Muito bem! Você está pesquisando antes de comprar coisas que lhe interessam, mesmo que algumas dessas compras sejam daquilo que você já tem.
- **20 e 10 pontos** – Parabéns! Você é um consumidor consciente.

O QUE SÃO "VALORES"?

Hoje, quando voltava para casa, escutei duas senhoras conversando. Elas falavam de "valores", e tudo não fazia nenhum sentido na minha cabeça, pois falavam que hoje em dia faltam valores às pessoas. Como assim?! Elas querem que saiamos na rua com uma etiqueta mostrando o nosso preço? E como alguém pode calcular isso? Eu não entendi nada! Valores para mim são tudo aquilo que tem um preço. Afinal, hoje em dia tudo está à venda.

Fiquei com a palavra "valor" na minha cabeça, tentando usar para outras coisas, mas não consegui. Foi quando meus pais

chegaram e, como de costume, me perguntaram como havia sido o meu dia. A minha resposta foi:

— Igual a ontem, mãe. Mas hoje eu tenho uma pergunta para fazer. O que é VALOR?

Minha mãe parou e me perguntou se aquilo era para alguma lição de casa. Disse que não, que apenas tinha ouvido alguém falar que hoje em dia faltam valores às pessoas. Na hora ela concordou e, enquanto fazia o jantar, pediu para que eu lesse as notícias do dia para ela. Que coisa, faço uma pergunta e ela me pede para ler o jornal!

Bem, a primeira notícia era a respeito das pessoas que estavam ajudando os idosos no banco somente para roubar suas senhas bancárias. Fiquei chocado! Foi nessa hora que ela pediu para eu parar de ler e me disse:

— Você ficou chocado porque você tem valores morais, o que significa dizer que você não acha certo roubar os outros. Continue a ler, agora outra notícia.

Comecei a ler sobre uma menina de 18 anos que ganhou o Prêmio Nobel da Paz. Puxa, ela só tem 18 anos, falei para minha mãe. Então ela me contou que Malala Yousafzai é uma ativista paquistanesa, que ficou conhecida no mundo todo por levar um tiro na cabeça, dado por um integrante de grupo religioso que não aceita que mulheres estudem.

— Nossa, isso é um absurdo, mãe!

— Pois é – ela disse. — Você mora em um país onde todos podem ir à escola. Em nosso país há liberdade, que é outro valor.

Eu até consigo imaginar meu dia sem ir à escola nas férias, mas não consigo me ver sem saber ler e escrever. A minha mãe me disse que conhecimento também é outro valor.

Todos os dias aprendemos alguma coisa na escola que nos ajudará na escolha de uma profissão: seja ela médico, engenheiro, advogado ou outra que vai nos dar condições de trabalhar ou abrir um negócio próprio.

Eu nunca parei para pensar nisso – às vezes a gente perde tanto tempo olhando coisas para comprar, fica chateado porque não ganhou alguma coisa que pediu, que acaba nem percebendo os valores das coisas que não têm preços estampados nas etiquetas.

Tem coisa mais gostosa do que encontrar os amigos e jogar bola no intervalo das aulas? Quanto custa isso? Ou sair à tarde para jogar *videogame* na

AFRICA STUDIO/SHUTTERSTOCK

AFRICA STUDIO/SHUTTERSTOCK

casa do Thiago? – isso não tem preço! E a pipoca com limonada na casa da mãe do Edu? Nooooossa – muito boa! –, também não tem preço!

Depois de ler jornal, conversar com minha mãe, jantar em família e falar com os meus amigos, tenho de confessar que todo o resto não tem valor. Só tem PREÇO!

SEU DINHEIRO, SUA DECI$ÃO!

preço VERSUS valor

1. Você dá valor a quê?

2. Você acredita que ter algo que está na moda ou frequentar lugares badalados irá diferenciá-lo dos outros? Por quê?

3. Você tem interesse em entender as notícias que são divulgadas pelos jornais?

4. Todos nós sabemos que não é correto subornar alguém. Como você reage quando vê nas novelas ou nos jornais indivíduos que obtiveram vantagens subornando outras pessoas?

5. Citamos neste conto valores, como, por exemplo, valores morais e religiosos. Mas há outros, como os valores éticos. O que você entende por cada um desses valores?

QUEM INVENTOU O DINHEIRO?

Dona Lúcia estava colhendo cenouras em sua horta quando percebeu que havia mais cenouras do que ela podia imaginar. Foi aí que comentou com Bento, seu filho,

— Nossa! Se ainda vivêssemos na época do escambo, eu teria muita cenoura para trocar.

Como Bento não entendeu nada, perguntou:

— Mãe, o que é ESCAMBO?
— Escambo, explicou Dona Lúcia, é a forma como as pessoas compravam e ven-

diam antigamente. Naquele tempo não havia moeda ou dinheiro, como chamamos hoje. As pessoas trocavam aquilo que produziam a mais por aquilo que elas não produziam, mas que precisavam. Dessa forma, os bens não tinham um valor definido. Acredite, esse tipo de comércio, que existiu no início da civilização, pode ser praticado ainda hoje em locais distantes das cidades ou de difícil acesso.

Bento lembrou que fazia isso com os brinquedos pelos quais já não se interessava mais – ele os trocava com os amigos, mesmo sem saber quanto valiam.

— Mas, mãe, como chegamos até o dinheiro?

— Um longo caminho, Bento. Muitas mercadorias foram usadas como moeda e passaram a ser muito procuradas. Então, houve época em que o gado bovino foi considerado como moeda; depois, veio o sal, que possuía um alto valor, não só por ser um produto de difícil extração, mas também por ser muito usado para a conservação dos alimentos. Ah! Você sabia que a palavra salário, do latim *salarium*, nasceu nessa época, devido ao fato de uma porção de sal ser utilizada para pagar os soldados na Roma Antiga?

— Puxa, nunca imaginei!

— Pois é! A criação de uma moeda metálica com um valor padronizado pelo Estado coube aos gregos do século VII a.C. Após a descoberta do metal, surgiram as primeiras moedas, parecidas com as atuais, em que o peso e o valor eram definidos e possuíam a marca de quem as produziu, uma forma de garantir o valor.

— Mas por que um metal, mãe?

— Por apresentar vantagens, como a possibilidade de se guardar, facilidade de transporte, beleza, raridade, o metal foi eleito como o principal padrão de valor. Os primeiros metais utilizados na cunhagem de moedas foram o ouro e a prata. Esses metais foram utilizados não só pela sua raridade, beleza, resistência à corrosão e pelo valor econômico, mas também por antigos costumes religiosos. No início da civilização, os sacerdotes da Babilônia, estudiosos de astronomia, ensinavam ao povo a existência de estreita ligação entre o ouro e o Sol, a prata e a Lua. Isso levou à crença no poder mágico

BILLION PHOTOS/SHUTTERSTOCK

GLEVALEX/SHUTTERSTOCK

desses metais e no dos objetos com eles confeccionados.

— E no Brasil, existiu outra moeda sem ser essa de metal?

— Sim. Pau-brasil, açúcar, cacau, tabaco e tecido serviram como moeda no século XVII devido à quase inexistência de dinheiro no país. Mas vamos voltar para hoje, século XXI. Como você acha que estamos usando a moeda hoje em dia, Bento?

Bento parou para pensar e percebeu que, pelo fato de hoje existir uma moeda como referência, o que existe passa a ter preço, uma medida de valor, o que não acontecia no passado. Hoje sabemos o quanto de dinheiro é necessário para comprar o que queremos.

Percebeu também que a existência de uma moeda permite assumir compromissos de pagamentos futuros, sem depender de uma mercadoria para trocar.

— É, mãe, hoje nós usamos o dinheiro para comprar tudo o que precisamos, igual a antigamente, só que ter uma moeda nos permite entrar em dívidas com maior facilidade.

— É mesmo, Bento. Isso não acontecia no passado. Não tínhamos o banco, aliás o nome "banco" foi dado pelos romanos, e referia-se a uma mesa para troca de moedas.

— Sabe o que mais, mãe? Depois da criação da moeda ficou mais fácil cobrar impostos.

— É isso mesmo, Bento!

SEU DINHEIRO, SUA DECI$ÃO!

Com base nos itens abaixo, pense um pouco sobre a forma como você lida com o dinheiro ou para o que você acredita que ele sirva.

1. Como você utiliza o dinheiro?

2. Normalmente você guarda o dinheiro que ganha ou gasta na primeira oportunidade?

3. Quando você compra alguma coisa, você pergunta se pode ser paga em parcelas? Se sim, você compraria o produto mesmo reconhecendo que o preço está mais alto do que você gostaria de pagar?

4. O que você faz hoje com roupas e outros itens que não usa mais?

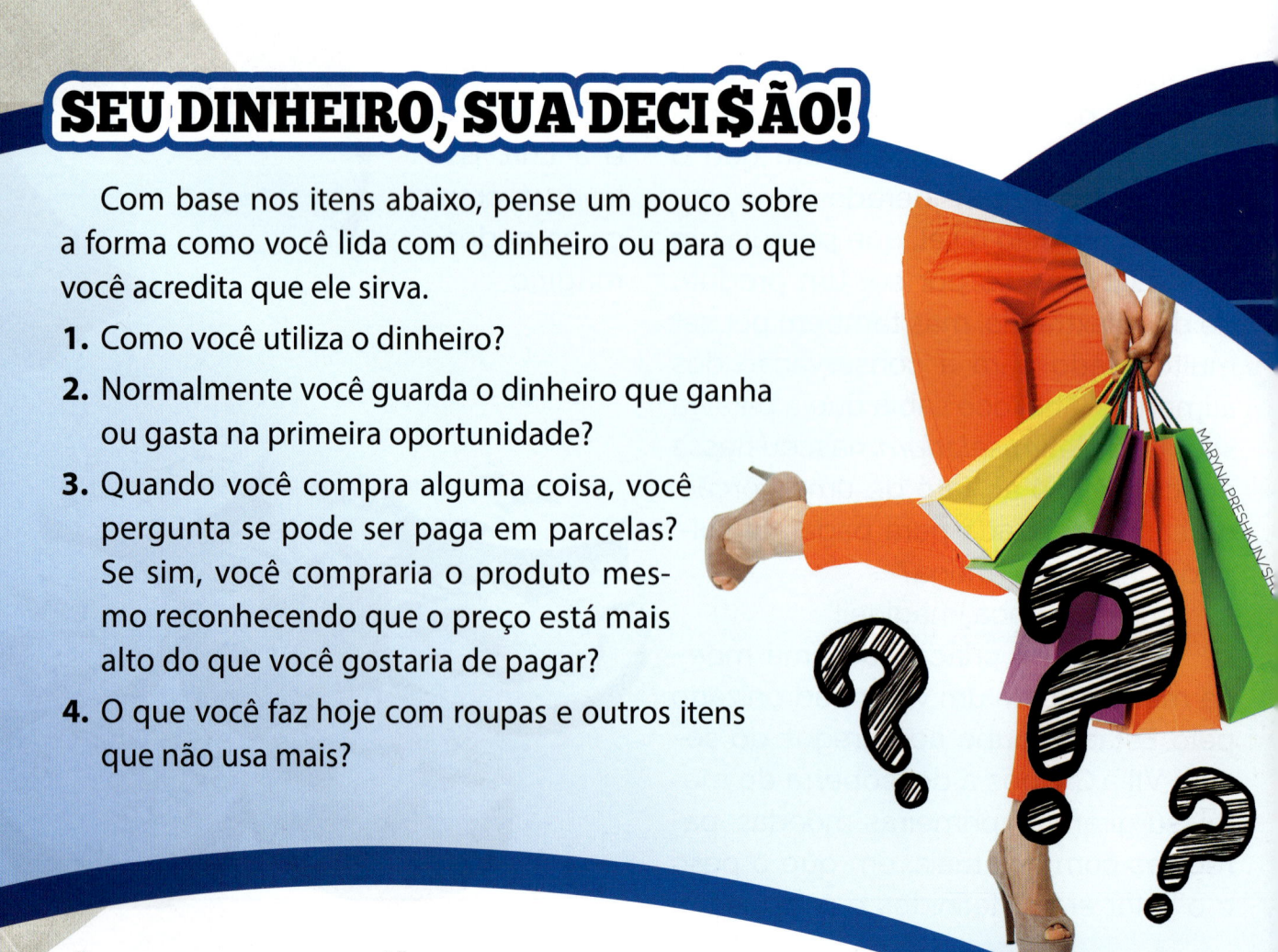

MARYNA PRESHKUN/STK

COMO POSSO PAGAR? CHEQUES

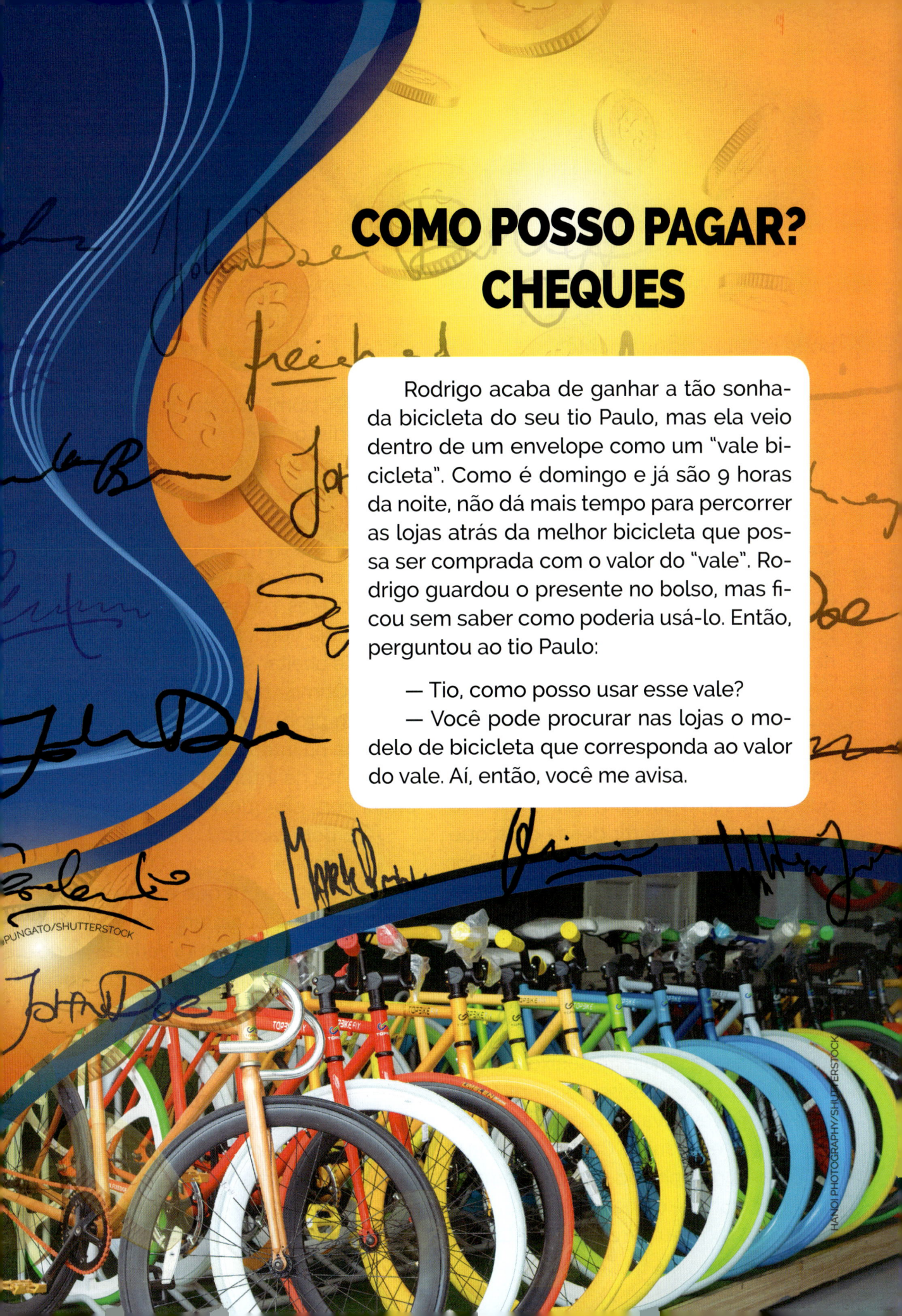

Rodrigo acaba de ganhar a tão sonhada bicicleta do seu tio Paulo, mas ela veio dentro de um envelope como um "vale bicicleta". Como é domingo e já são 9 horas da noite, não dá mais tempo para percorrer as lojas atrás da melhor bicicleta que possa ser comprada com o valor do "vale". Rodrigo guardou o presente no bolso, mas ficou sem saber como poderia usá-lo. Então, perguntou ao tio Paulo:

— Tio, como posso usar esse vale?
— Você pode procurar nas lojas o modelo de bicicleta que corresponda ao valor do vale. Aí, então, você me avisa.

— E depois?

— Depois você me diz como a loja pode receber o pagamento!

— Ué, tio! Com certeza pode ser paga com dinheiro, né?

— Ou com cheque, Rodrigo.

— Cheque?

— Sim, Rodrigo. Uma folha de papel, emitida pelo banco onde você tem conta, que lhe permite pagar despesas sem ter de usar dinheiro vivo! Já pensou ter de carregar um monte de dinheiro para pagar as contas e compras? Eu teria medo de perder o dinheiro.

— E como você usa isso, tio?

— Eu tenho um talão com vinte folhas, Rodrigo. Cada folha representa um cheque, onde eu preencho o valor que vou usar, a data em que o cheque foi emitido e é a partir dessa data que o cheque poderá ser descontado. Por último eu assino o meu nome, que tem de ser igual à assinatura que fiz quando abri a conta no banco.

— Mas tem alguém no banco para conferir a assinatura, tio?

— Depende do valor do cheque. Atualmente, há um limite abaixo do qual a assinatura não precisa ser verificada, mas acima desse valor o banco faz uma verificação eletrônica. Caso a assinatura não seja reconhecida pelo sistema, o banco devolverá o cheque.

— Nossa! Aí eu perco a bicicleta, tio?

— No seu caso isso não vai acontecer, porque quem vai assinar o cheque sou eu. E eu não iria lhe dar um cheque falso!

— Ah, bom! Mas como a loja fica sabendo disso, tio?

— Como lhe disse, nesses casos o banco devolve o cheque com problemas para a loja que o recebeu. A loja terá de procurar quem lhe deu o cheque e pedir que o troque ou pague a compra em dinheiro. Mas, para evitar que isso aconteça, a loja verifica os dados do cliente antes de aceitar seu cheque.

— Ótimo, tio. Como não teremos nenhum problema, vou procurar minha bicicleta na internet!

— Mas na internet você não poderá pagar com cheque, Rodrigo!

— E por que não?

— Simples, Rodrigo. O pagamento feito através de cheque exige que você o entregue pessoalmente ao vendedor. Lembre-se de que ele irá verificar os documentos de quem assinou o cheque.

— Mas aí vai demorar muito, tio. O vendedor terá de ir até o banco para saber se o cheque tem problemas?

— Não, Rodrigo. As lojas possuem um sistema que verifica isso na hora. Se houver alguma restrição, eles não aceitam o pagamento.

— Então, nesse caso, o meu "vale" não vale?!

— Vale, sim! Se eu tivesse algum problema no banco, Rodrigo, o "vale bicicleta" não ia valer nada, mas lhe garanto que isso não irá acontecer. Na verdade, muitas lojas preferem receber o pagamento em cheque e até oferecem vantagens, como descontos ou pagamentos parcelados.

— Mas que vantagem a loja tem, tio?

— Quando o pagamento é feito em cheque, o lojista não tem nenhum custo sobre o valor a ser recebido.

— Mas por que o vendedor teria de pagar algo a mais sobre o cheque?

— Quando você utiliza cartão de crédito, de débito ou mesmo um boleto bancário para pagar uma compra, a loja tem um custo adicional. Afinal de contas, o lojista contratou um serviço, seja um banco, nos casos de boletos e cartões de débito, seja uma administradora de cartões de crédito, e essas instituições cobram por esse serviço.

— Está bem, tio! Vou amanhã à loja e vejo como podemos pagar a bicicleta.

— Ótimo! Mas não se esqueça de negociar o melhor preço à vista ou ten-

te dividir o valor a ser pago em mais de uma parcela, utilizando dois ou mais cheques para pagamento em, por exemplo, 30, 60 e 90 dias. Se a bicicleta custar R$ 900,00, por exemplo, você pode perguntar se esse valor pode ser dividido em três parcelas iguais. Aí você dá três cheques de R$ 300,00 cada um – para 30, 60 e 90 dias. São os chamados cheques pré-datados, isto é, você emite o cheque hoje para pagamento em data posterior.

— Entendi, tio. É pré-datado porque eu dei todos os cheques hoje para serem apresentados ao banco em datas diferentes.

— Esse menino vai longe!

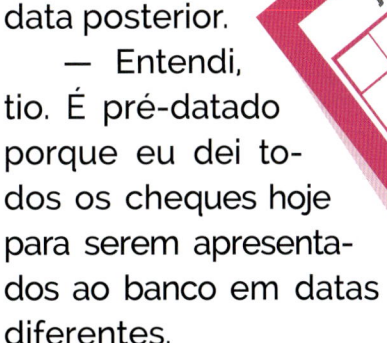

SEU DINHEIRO, SUA DECI$ÃO!

1. Você sabe explicar o que significa a expressão "cheque sem fundos"?
2. O que é um cheque pré-datado?
3. Qual é a vantagem de usar um cheque pré-datado?

COMO POSSO PAGAR? CARTÃO DE CRÉDITO

Rodrigo acaba de sair da última loja. Pesquisou em todas que ofereciam o modelo de bicicleta que ele desejava comprar, mas em nenhuma conseguiu um preço que pudesse pagar com o "vale bicicleta" recebido de seu tio. Então resolveu procurar por uma oferta na internet. Não demorou muito e descobriu uma loja que oferecia o modelo que ele queria e no valor do "vale". Ligou para o tio Paulo e perguntou:

— Tio Paulo, como posso pagar se eu comprar pela internet?

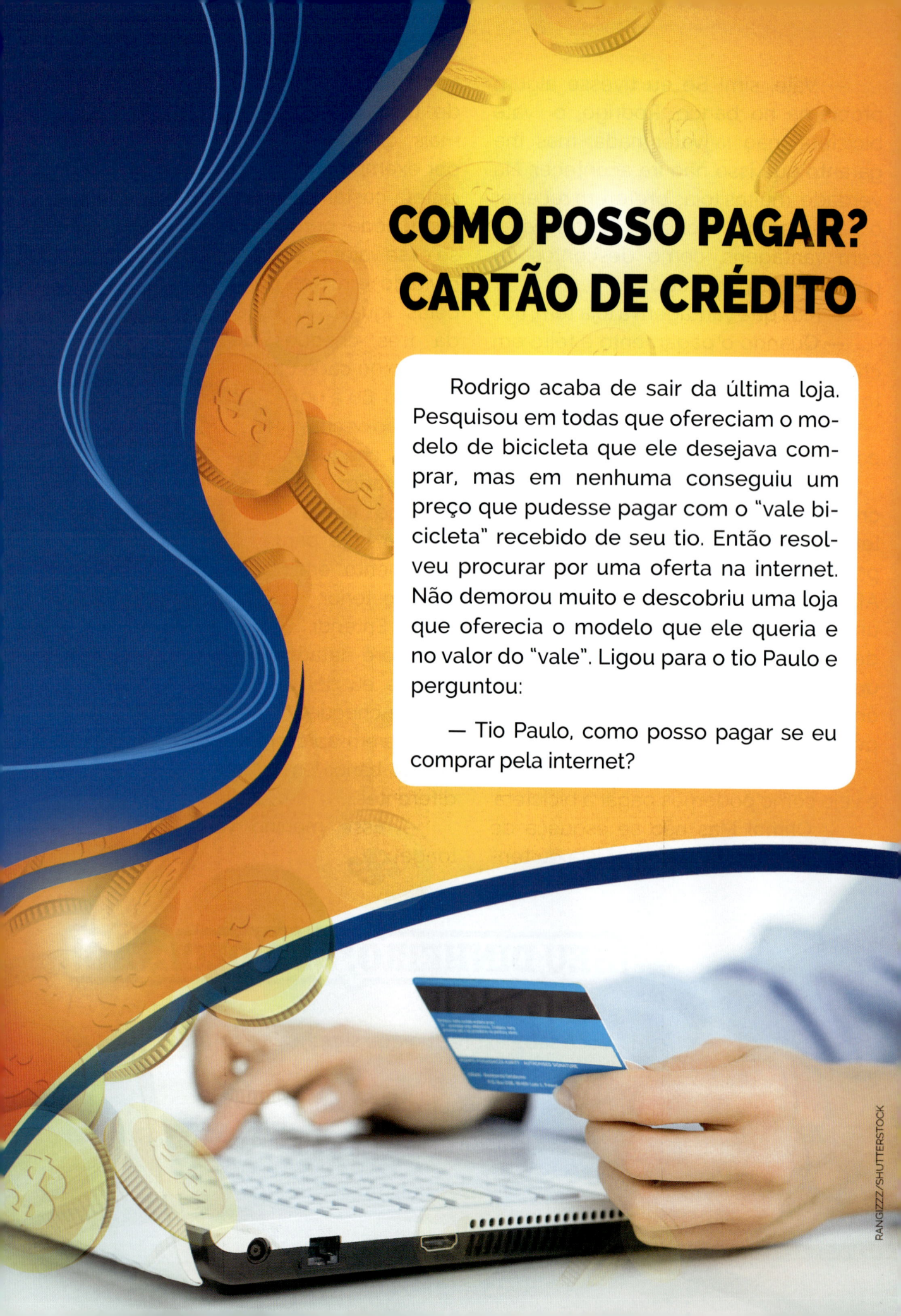

— Oi, Rodrigo, veja no *site* as formas de pagamento e também consulte o *site* "Reclame Aqui" e veja se existem reclamações dos serviços prestados por essa loja virtual.

— Ah! Já fiz isso, tio. O *site* está muito bem cotado e informa que eu posso pagar com cartão de crédito ou boleto bancário. Qual eu escolho?

— Veja se o valor a ser pago no cartão de crédito pode ser parcelado!

— Parcelado igual ao cheque pré-datado?

— Sim, Rodrigo. Mas verifique se consta a expressão "sem juros".

— Ok. Está aqui, seis vezes sem juros. Caso eu queira pagar em mais parcelas, aí terá juros!

— Muito bem, Rodrigo. Quais são as "bandeiras" aceitas?

— Bandeiras, tio? Não tem nenhuma bandeira por aqui, nem a do Brasil!

— Desculpe, Rodrigo... Bandeiras são as empresas de cartão de crédito. Essas marcas geralmente estão ao lado da opção de pagamento.

— Agora sim, tio. Temos aqui ABC e XYZ. Qual eu posso usar?

— Puxa vida, não tenho nenhum desses cartões.

— Nossa, tio! Você não tem um cartão de crédito?!

— Tenho, Rodrigo, mas não é nenhum desses e, então, não posso comprar a bicicleta nesse *site* com os meus cartões de crédito.

— Mas qual é a diferença? Cartão de crédito não é tudo igual?

— A finalidade é a mesma para todos, Rodrigo, mas cada loja ou *site* tem de estar credenciada junto às operadoras que quer disponibilizar para seus clientes. Sabe aquela maquininha que tem no caixa da padaria? Pois é, se a padaria não estiver credenciada junto a determinada bandeira, todos os cartões daquela bandeira não passam naquela maquininha. É mais ou menos como banco: você tem vários, mas, se o seu dinheiro estiver depositado em uma conta-corrente do Banco X, por exemplo, você não poderá sacá-lo no Banco Y, entendeu?.

— Mas cartão não é banco, você não precisa ter dinheiro guardado lá para poder usá-lo!

— Você está certo. Mas a loja tem de ter um contrato de prestação de serviços com a operadora do cartão. Vale lembrar, Rodrigo, que o cartão de crédito é administrado por uma empresa, e para você ter um é necessário assinar um contrato, no qual constarão informações a seu respeito, como endereço, número do seu CPF, dados bancários, como o número da sua conta-corrente, onde você trabalha ou se tem uma empresa própria, quanto ganha por mês e várias outras informações.

— E por que eles querem saber o valor do seu salário?

— Simples, Rodrigo. Eles precisam saber qual é a minha capacidade de pagamento. Dessa forma, sabendo o quanto eu ganho, irão definir um valor limite de crédito para eu usar.

— E se você comprar a bicicleta e não pagar? A loja vai ficar sem receber o dinheiro?

— Essa é a diferença entre o cheque e o cartão de crétido. Se pagar com cheque e você não tiver dinheiro na conta do banco e nem um limite de empréstimo no cheque especial, a loja não receberá nada, pois o banco devolverá o cheque para a loja por falta de fundos. Afinal, você não tem dinheiro na conta!

— E com o cartão, tio?

— Com o cartão, a loja recebe o dinheiro e você fica devendo para a operadora do cartão de crédito. Se você não pagar, a operadora do cartão de crédito passa a cobrar juros sobre o valor não pago. E se ainda assim você não pagar a dívida, o seu nome poderá ir para o Serviço de Proteção ao Crédito (SPC), Serviço Central de Proteção ao Crédito (SCPC) ou para o Serasa.

— Nossa, tio, o que é isso?

— São empresas que fornecem dados aos lojistas. Por meio delas é possível ter informações sobre os clientes e se proteger. Afinal, você não irá dar crédito para pessoas que estão com problemas para pagar suas dívidas. O fato é que, quando o nome de um consumidor constar da lista de uma dessas empresas, dificilmente ele conseguirá comprar alguma coisa a prestação, seja com cheque ou cartão de crédito.

— Seu nome não está em nenhum lugar desses, né, tio?

— Não, Rodrigo, pode ficar tranquilo.

SEU DINHEIRO, SUA DECI$ÃO!

1. Pesquise o que você precisa informar ao *site* quando realiza uma compra pela internet utilizando um cartão de crédito.

2. Até quanto deveríamos gastar com o cartão de crédito?

3. Qual é a vantagem em pagar compras ou serviços com cheque pré-datado? E com cartão de crédito?

COMO POSSO PAGAR? BOLETO BANCÁRIO

Rodrigo não desiste, mas também não quer passar nem mais um dia incomodando o tio Paulo, o que o fez optar pelo boleto bancário para pagar a bicicleta comprada pelo *site*. Para sua surpresa, usando o boleto, o *site* oferecia 10% de desconto. Rodrigo não perdeu tempo e foi falar com o tio Paulo.

— Oi, Rodrigo. Puxa vida... Ainda não consegui lhe dar seu presente de aniversário. Mas, diga, em que posso ajudá-lo?

— Tio, depois de fazer duas tentativas, resolvi optar pelo pagamento da bicicleta por meio de boleto bancário.

— Muito bem, Rodrigo. Traga para mim o boleto que eu mesmo vou pagar.

— Pois é! Mas eu não sei nem o que é isso.

— Optar sem saber direito de que se trata é meio complicado, não é, Rodrigo?! Boleto bancário é um documento que serve para pagarmos nossas compras. Nesse documento constam o valor a ser pago, a data de vencimento, quem está pagando o boleto – no caso, EU –, quem irá receber o pagamento.

— Mas no boleto não está escrito o nome do seu banco. Então, como o senhor vai pagar se não tem conta naquele banco?

— Muito bem observado, Rodrigo. O fato é que até o vencimento do boleto eu posso pagá-lo em qualquer banco. No entanto, depois de vencido, esse título só poderá ser pago no banco responsável pela sua emissão.

— Agora não entendi mais nada, tio. Se o boleto é emitido por um banco, e se nós podemos pagá-lo em outro, como o banco que o emitiu recebe o pagamento?

— Na verdade, todos os dados vão para um lugar chamado "compensação bancária", processo por meio do qual os bancos trocam informações. Nes-

se local, todos os boletos pagos pelos clientes, em bancos diferentes daqueles em que eles têm conta, são trocados, como também os cheques.

— Vamos ver se entendi, tio: existe um lugar para onde todos os cheques e boletos vão.

— Sim. Conhece aquele veículo chamado carro-forte?

— Sim, às vezes eu vejo um parado na frente do supermercado.

— Exatamente. Esse carro-forte passa nos estabelecimentos comerciais, como *shoppings*, casas lotéricas, bancos e outros, para recolher o dinheiro, os cheques e os boletos recebidos para levá-los a um local chamado "compensação bancária". Nesse local existe um representante de cada banco, mas toda a troca é feita por máquinas, que leem o código de barras dos cheques e boletos e informam os valores a receber ou a serem pagos aos bancos. Quanto ao dinheiro, este é separado e depositado no banco e na conta-corrente a que se destina.

— Ufa! Quanta coisa acontece quando pagamos uma conta por meio de cheque ou boleto. Bom, tio, mas vamos falar o que tenho de fazer para pagar o boleto.

— Você pode imprimir e mandar para mim, Rodrigo.

— Imprimir?! Como assim, tio?! Eu não tenho uma impressora!

— Não tem problema. Você pode salvar como um arquivo PDF e depois me encaminhar o arquivo por *e-mail*. Por exemplo, use o programa CutePDF.

— Cute o quê, tio? Nossa, tudo muito complicado!

— Bem, vamos facilitar a sua vida. Todo boleto possui um código de barras. Leia para mim.

— Duas barrinhas, oito barrinhas...

— O que é isso, Rodrigo?

— É o código de barras que o senhor pediu para eu falar.

— Puxa, Rodrigo. Preciso do número que vem acima dessas barras. Normalmente varia de 17 a 27 números, dependendo do banco.

— Ah! Entendi, tio.

— Com esse número posso fazer o pagamento usando o *site* do banco e nem preciso sair do escritório!

CHINNAPONG/SHUTTERSTOCK

SEU DINHEIRO, SUA DECI$ÃO!

1. Qual é a vantagem de se fazer um pagamento por meio de um boleto bancário?

2. Pesquise se quem emite um boleto bancário tem alguma despesa.

COMO POSSO PAGAR? CARTÃO DE DÉBITO

O carro do correio para em frente da casa do Rodrigo para a entrega de uma caixa enorme. A campainha toca. A mãe de Rodrigo atende, recebe a caixa e chama o filho. Na hora em que ele vê a caixa, nem a abre e já liga para o tio Paulo.

— Nossa, tio! Nem acredito, recebi minha bicicleta em casa, linnnnda! Muito obrigado pelo presente, vou montá-la e sair para encontrar os amigos!

— Puxa, Rodrigo, estou surpreso. Você consegue montar a bicicleta sozinho? Apesar de

eles enviarem um manual e também algumas ferramentas, mesmo assim, fico surpreso, parabéns! Qualquer dificuldade, me ligue e levamos a bicicleta a uma loja para montar.

— Não, tio, vou tentar montá-la sozinho. Se eu achar que não vou conseguir, aí eu ligo e peço ajuda, muito obrigado!

Rodrigo abriu a caixa e depois de algumas horas começou a entender a oferta do tio. Havia muitas peças a serem encaixadas e ele não encontrou o suporte para a garrafa de água. Então, ligou para o tio Paulo.

— Tio, eu tentei, mas têm algumas peças que sobraram, isso não é bom, né?

— Parabéns, Rodrigo. Você tentou. Sobrar peças não é muito bom mesmo, mas almoçamos juntos e levamos a bicicleta a uma loja. Comece a se arrumar que daqui a pouco estarei aí!

Depois do almoço, tio e sobrinho colocam as peças da bicicleta no carro e se dirigem a uma loja de bicicletas para pedir ajuda.

— Pronto, tio, chegamos!

KOSTSOV/SHUTTERSTOCK

— Bom-dia, cumprimentou-os um atendente da loja sorridente. — Puxa, você quase terminou a montagem da sua bicicleta, só esqueceu dessas quatro peças. Mas não tem problema, vou terminar a montagem e você a terá de volta em pouco tempo. Você vai querer um suporte para colocar uma garrafa de água?

Rodrigo olhou para o tio com os olhos de quem pede permissão para deixar o atendente colocar o suporte.

— Sim, respondeu tio Paulo. — Pode colocar o suporte para garrafa.

— Obrigado, tio. Na verdade, quando comprei a bicicleta, eu achei que viria junto o suporte, mas não veio. Sei que vai ultrapassar o valor do "vale", mas vou ajudar lá em casa e conseguir um dinheirinho para pagar o senhor.

— Não se preocupe, Rodrigo. Você demorou tanto para conseguir comprar esta bicicleta, e teve tanta vontade de resolver tudo sozinho, que vou lhe dar de presente também o suporte. Agora vamos pagar e colocar a bicicleta no carro, pois já está pronta.

— Tio, você tem R$ 70,00, que é o valor da garrafinha e do suporte?

— Vamos ver... dinheiro não... cheque não... aqui não tem venda por boleto...

— Ai, não! Vamos começar todo o processo novamente para a compra da garrafinha e de seu suporte.

— Claro que não!

— Ufa! Mas como você vai pagar, tio?

— Com meu cartão de débito!

— Mas esse é outro cartão?

— Sim, Rodrigo, mas é diferente de um cartão de crédito. Para usar meu cartão de débito é preciso que eu tenha dinheiro no banco. O lojista passa meu cartão de débito na "maquininha" do banco, digita o valor da compra, eu digito minha senha e, pronto, o dinheiro já é retirado da minha conta e transferido para a conta do lojista, deduzido de uma pequena taxa que fica para o banco. O mais importante é que, se minha conta estiver sem fundos ou se eu não tiver limite no cheque especial, não tem pagamento com esse cartão.

— Mas você tem dinheiro na sua conta do banco, não tem?

— Esse valor, R$ 70,00, eu tenho!

— Puxa, que susto! Pensei que hoje eu não conseguiria ter a minha bicicleta.

SEU DINHEIRO, SUA DECI$ÃO!

1. Assinale as frases corretas. O cartão de débito é usado para:

a) fazer pagamentos em locais onde tenha disponível uma máquina para cartões de débito de todos os bancos;

b) fazer saques em caixas eletrônicos;

c) fazer pagamento de compras realizadas pela internet;

d) pagar impostos;

e) fazer transferências bancárias.

2. Quais as diferenças que existem entre cheque e cartão de débito?

FOTOGRAFFF/SHUTTERSTOCK

3. Das frases a seguir, qual(is) se refere(m) a cartão de crédito e qual(is) a cartão de débito.

a) Possui um limite de gasto com base no valor que a pessoa tem em conta-corrente ou em seu limite de cheque especial, caso possua.
Cartão de débito ( )   Cartão de crédito ( )

b) Sempre oferece um limite de crédito pré-aprovado.
Cartão de débito ( )   Cartão de crédito ( )

c) Não oferece parcelamento em compras.
Cartão de débito ( )   Cartão de crédito ( )

d) Não permite o endividamento do cliente se ele não tiver um limite de crédito pré-aprovado.
Cartão de débito ( )   Cartão de crédito ( )

A FÁBULA DA CIGARRA E DA FORMIGA

Ontem, enquanto a minha mãe colocava meu irmão menor para dormir, pude escutar a história da cigarra e da formiga. Quando eu era pequeno, não entendia muito bem por que a cigarra ficava só cantando, que era o que ela gostava de fazer, enquanto as formigas ficavam trabalhando. O ponto era por que a cigarra não trabalhava e, em contrapartida, por que a formiga nunca cantava? Eu ficava imaginando quem realmente era feliz na história... ou será que havia alguém infeliz? Resolvi que iria ouvir a mamãe contar a história até o fim e, depois, se meu irmão

não dormisse, eu iria perguntar o que ele tinha achado.

Puxa... que história longa... só agora o verão está terminando... e as formigas não cansam de avisar à cigarra para ela guardar comida e buscar um local para viver no inverno. É como se tudo acabasse no inverno, é isso mesmo? Que mala! Bem, meu pai chegou, vou perguntar a ele sobre a cigarra e a formiga.

— Pai, você vai jantar agora?

— Sim, meu filho, por quê?

— Você se lembra da história da cigarra e da formiga?

— Claro! A cigarra não trabalhou durante o verão e por isso não tinha o que comer nem onde viver no inverno! Ah, desculpe, meu filho, você não sabia da fábula?

— Eu já tinha ouvido, pai. Eu quero justamente saber por que a cigarra não tem casa nem comida!

— Simples; vou lhe explicar usando um exemplo. Eu sou um dentista e mantenho esta casa com o dinheiro que os meus clientes me pagam pelo meu trabalho, certo? Imagine que eu nunca tivesse poupado. Então, não teríamos juntado nada, já que teríamos gasto todo o dinheiro que recebemos enquanto eu tinha clientes. Agora, imagine que alguns de meus clientes saíram de férias, outros acabaram o tratamento, outros estão sem dinheiro para ir a um dentista. O que vamos fazer? Eu não tenho de onde tirar uma moeda para comprar comida! O que vai acontecer conosco?

— Não sei! Você vai ao banco e pede um dinheiro?

— Não! Não posso pedir um dinheiro, sabendo que não terei como pagar. Você me dê outra solução.

— Você pode pedir a um amigo que lhe empreste!

— Não, não posso pedir a um amigo que me empreste dinheiro hoje, amanhã, depois, até eu conseguir alguma outra coisa para fazer, já que hoje não tenho uma data para começar a ganhar dinheiro e para poder devolver o empréstimo. Outra solução?

— Você pode pedir para morar com alguém, como a cigarra fez!

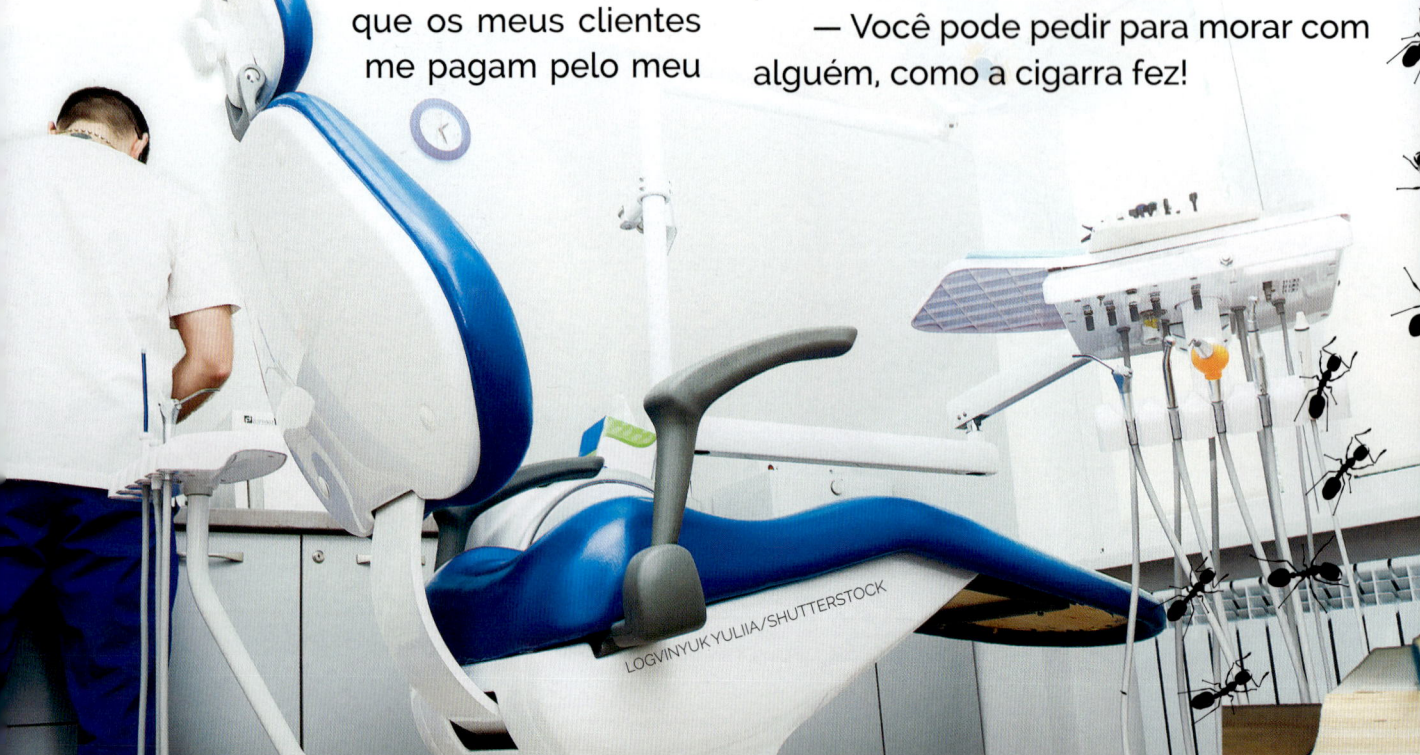

— Não, primeiro porque nossa família é de quatro pessoas, e a cigarra era uma só e sabia cantar. Depois, porque, além de não saber cantar, eu nem sei como poderia ajudar na casa dos amigos, também não sabemos dizer se irá durar só um inverno! Precisamos de outra solução.

— Então, você pode tentar arrumar um emprego!

— Ótimo, como vai ser isso? Pois ninguém consegue um emprego de uma hora para outra, nem tampouco dinheiro para pagar todas as contas que continuarão vencendo todos os meses. Então, precisamos de uma solução para o tempo em que não terei nenhum ganho.

— Chega, pai, não vejo mais nenhuma solução!

— Aí é que você se engana: a solução está no exemplo da formiga! Ela trabalha durante o verão, o outono e a primavera, guarda comida e constrói um lugar para morar no inverno, que é o período em que não existe comida nem dá para sair para trabalhar!

— Não entendi. Nós temos aulas no inverno, pai, você trabalha no inverno, às vezes nós viajamos no inverno!...

— Meu filho, eu sei disso, a fábula só quer nos mostrar que, se não guardarmos uma parte daquilo que ganhamos, enquanto estamos trabalhando, quando não tivermos mais nada para fazer, poderemos usar o que guardamos. No nosso caso, seria o mesmo que achar um novo emprego ou novos clientes ou novos produtos para vender!

Agora eu entendi! Nós temos de garantir que amanhã será sempre como hoje, e só dá para ter essa certeza quando guardamos uma parte daquilo que ganhamos. Isso não é ser infeliz – é buscar ser feliz para sempre!

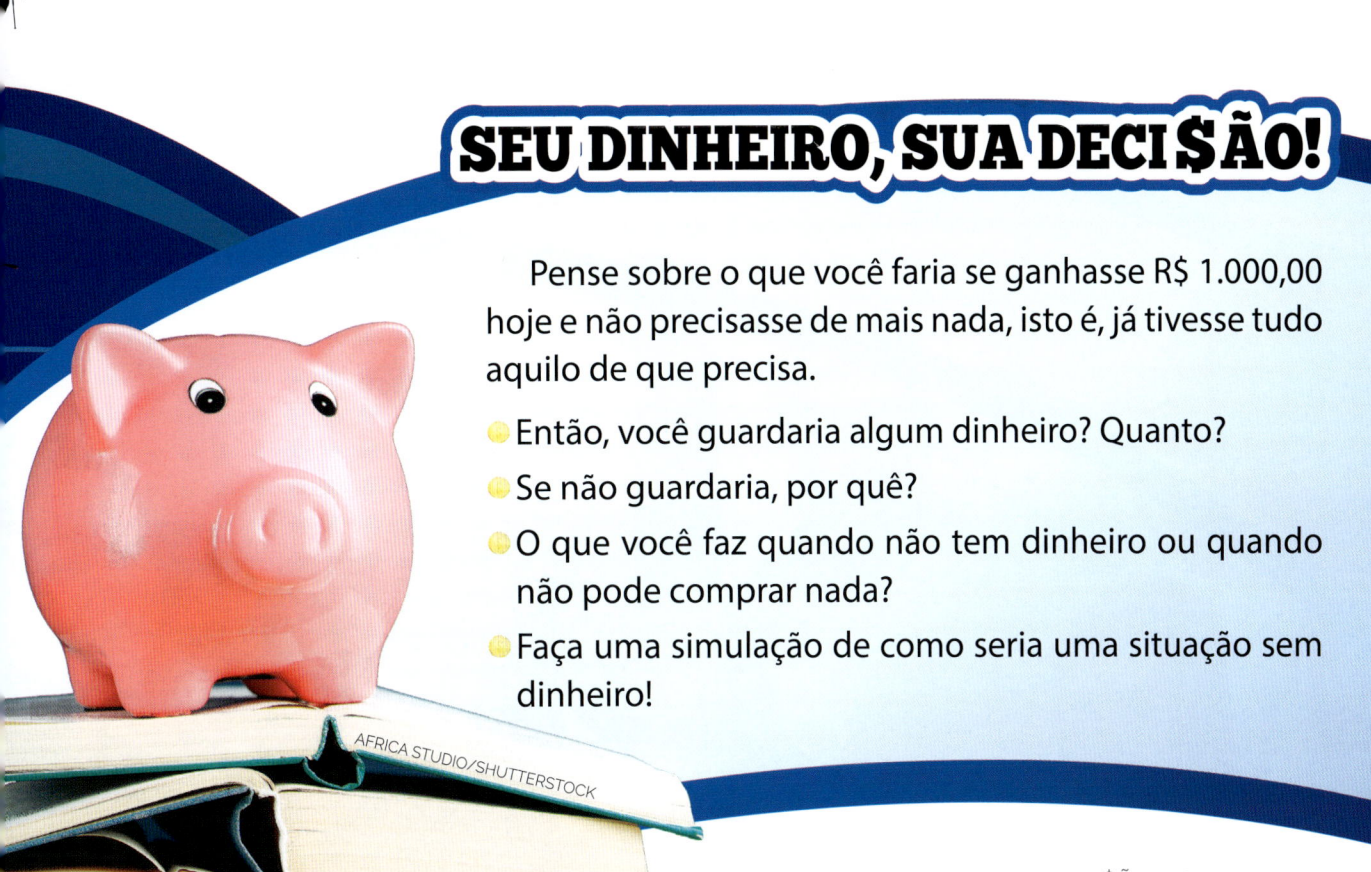

SEU DINHEIRO, SUA DECI$ÃO!

Pense sobre o que você faria se ganhasse R$ 1.000,00 hoje e não precisasse de mais nada, isto é, já tivesse tudo aquilo de que precisa.

- Então, você guardaria algum dinheiro? Quanto?
- Se não guardaria, por quê?
- O que você faz quando não tem dinheiro ou quando não pode comprar nada?
- Faça uma simulação de como seria uma situação sem dinheiro!

AFRICA STUDIO/SHUTTERSTOCK

A CASA DE SÔNIA

— O jantar já vai para a mesa! Não vão se atrasar, ainda temos de terminar o planejamento do mês!

Assim começa a noite na casa de Sônia, em que todos jantam juntos – sorte a deles, não é mesmo? Mas sorte mesmo é todos desejarem a mesma coisa: comprar uma casa. Há cinco anos, a família de Sônia decidiu que todos colaborariam para que conseguissem comprar a tão desejada casa própria.

Eles se reuniram para conversar sobre como tudo deveria ser feito e resolveram começar fazendo um "planejamento financeiro".

Para alcançar o objetivo de poupar todos os meses o valor de R$ 4.000,00, decidiram que iriam considerar esse valor como uma despesa mensal; assim, esse dinheiro não poderia mais ser gasto. Boa ideia, não?

Os anos se passaram e durante esse tempo, é claro, muitos desejos não puderam ser realizados, mas a família manteve a poupança e também continuou procurando uma casa nova. A meta era encontrar uma casa cujo preço não ultrapassasse R$ 500.000,00. Assim, eles usariam o valor guardado para dar uma entrada de um pouco mais de 50% na assinatura do contrato de compra e o restante seria pago por meio de um financiamento.

Esse financiamento estava preocupando Sônia, pois a família nunca havia assumido uma dívida. Agora, eles teriam de decidir por qual período de tempo fariam um financiamento. Então, Sônia resolveu ir ao banco para saber quanto pagaria por mês para obter um financiamento de dez, quinze ou vinte anos. Eles não queriam ficar muito tempo pagando prestação!

Ao avaliarem todas as opções de financiamento, Sônia decidiu que eles pagariam a casa em quinze anos, pois a prestação seria paga usando apenas o seu salário ou o de seu marido.

Como tudo o que é planejado e que é cumprido dá certo, após cinco anos guardando todos os meses R$ 4.000,00, hoje a família tem na poupança R$ 279.296,00. Esse é o valor a ser utilizado para a entrada, e o restante será financiado.

Sônia encontrou a casa pelos R$ 500.000,00, como queria, e financiou apenas R$ 220.704,00 em quinze anos, assumindo uma prestação inicial de R$ 3.400,00 por mês.

THANA WAIWONG/SHUTTERSTOCK

O jantar já não era só mais um jantar, mas sim o último na casa onde pagavam aluguel, e também era a comemoração de uma primeira conquista. Estava claro para todos que quando existem vontade e planejamento o sucesso é inevitável!

Sônia voltou ao planejamento e pôde ver que conseguiu muito mais do que imaginava: suas despesas foram reduzidas, o valor gasto com o condomínio deixaria de existir na nova casa, e o valor da prestação do financiamento era menor do que o atual valor do aluguel.

Agora, a família de Sônia poderá fazer a viagem tão sonhada por todos e adiada durante os cinco anos em que tiveram de poupar para a compra da casa própria!

SEU DINHEIRO, SUA DECI$ÃO!

1. Existe diferença entre um financiamento imobiliário e uma dívida?
2. Há vantagem em se endividar?
3. Ter dívidas é ruim?
4. Como você considera a decisão da família de economizar durante cinco anos para adquirir um bem maior?
5. Para que tipo de compra você estaria disposto a economizar?
6. Quanto tempo você estaria disposto a guardar dinheiro para realizar um sonho?

ABB PHOTO/SHUTTERSTOCK

CARO OU BARATO?

— Maria, como você acha que podemos saber se uma coisa é cara ou barata?

— Não tenho a menor ideia, Lúcia! Cada pergunta... Por que isso agora?

— Eu pedi um sapato para minha mãe e ela me perguntou se era caro ou barato.

— Ah! O sapato é bonito?

— É, Maria. Mas acho que não foi isso que minha mãe perguntou.

— Lu, mas é de couro ou é de plástico?

— É de couro, Maria.

— Então eu acho que não é barato, não!

— Mas não sei por quanto tempo vou usar. Eu só pedi por causa da festa do Ricardo.

— Bem, Lúcia, se for de couro, pelo menos vai durar bastante, muuuito tempo, e você ainda poderá usá-lo depois em outras festas, né?

— Depende, Maria. Se for de modinha, não. Vou usar agora e depois vou abandoná-lo.

— Puxa, Lúcia! Se for assim, é melhor o de plástico, é mais barato.

— Pois é...

— Mas por que você precisa de um sapato novo, Lu?

— Porque eu achei bonito e está na última moda. Na verdade, nem estou precisando de um sapato novo; eu até tenho outro que poderia usá-lo.

— E você achou esse par de sapato barato por quê?

— Porque havia naquele *site* vários modelos, Maria. Alguns pares custavam R$ 120,00, outros R$ 180,00 e este estava por R$ 90,00.

— Só por isso?

— É! – respondeu Lúcia já um tanto irritada.

— Você procurou em outros *sites* o mesmo tipo de sapato para ver o preço? – perguntou Maria na tentativa de acalmar a amiga.

— Não. Só vi neste.

— Lúcia, então fica mais difícil de sabermos se está caro ou barato!

— Mas, Maria, se cada vez que eu pensar em comprar alguma coisa eu tiver de procurar em vários lugares, vai ser muito chato e demorado!

— Só que, fazendo isso, você pode pagar menos pelo que quer comprar.

— Ou pode sair de graça, pois vou perder a vontade de comprar...

— Aí sua mãe vai ficar feliz, não é, Lu, pois não vai ter de gastar nada...

— Engraçadinha!

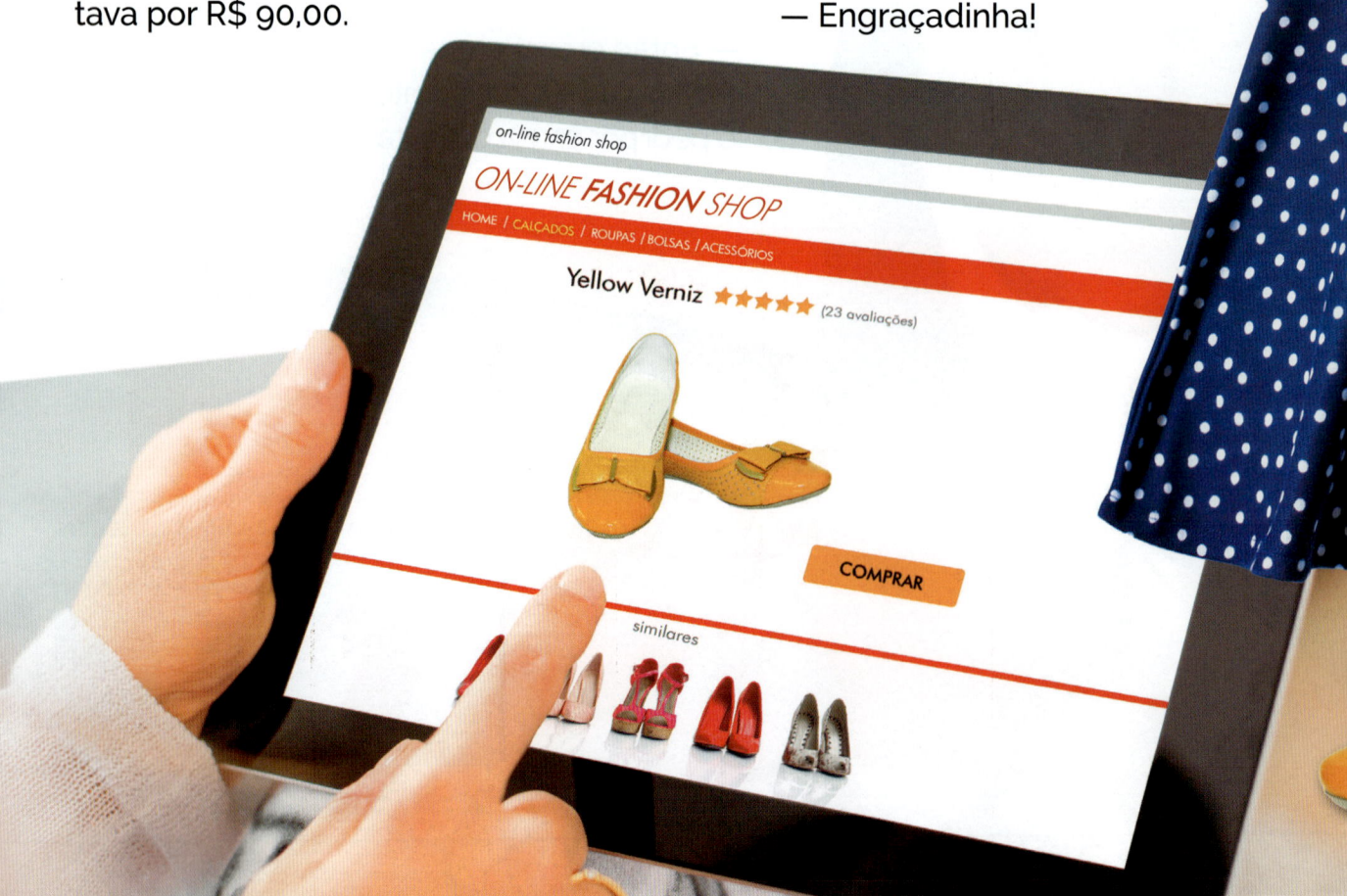

SEU DINHEIRO, SUA DECI$ÃO!

1. O que você faz quando deseja comprar alguma coisa?

a) Compra na primeira loja que tenha o produto.

b) Pesquisa o preço em outras.

c) Não se preocupa em fazer nada quando o produto tem um preço baixo.

d) Avalia se realmente precisa.

e) Avalia a qualidade.

f) Avalia por quanto tempo usará o produto antes de comprá-lo.

2. Se você tiver uma festa, você:

a) compra uma roupa nova.

b) procura no seu guarda-roupa algo que possa usar.

c) pede emprestado uma roupa a um(a) amigo(a) ou parente.

d) não faz nada e não vai à festa.

e) vai à festa com o que tem e fica feliz!

3. Como você compra as suas coisas?

a) Com o dinheiro que guardou.

b) Com o dinheiro de seus pais.

c) Com o dinheiro que ganhou de algum trabalho.

d) Não compra, porque seus pais ou responsáveis lhe dão o que precisa.

4. O que você acha necessário ter na sua idade?

a) Muitos amigos.

b) Muitos jogos.

c) Muita roupa e sapato.

d) Muito dinheiro.

VOVÓ TÉRCIA E OS *VIDEOGAMES*

Vovó Tércia é uma senhora aposentada e recebe todo mês do INSS um benefício no valor de R$ 4.100,00. É viúva, mora em uma casa própria, tem dois filhos e dois netos. Os netos representam tudo para a vovó Tércia e ela não mede esforços para dar-lhes tudo o que pedem.

A frase mais ouvida na casa da vovó Tércia é:

— Vó, liga a televisão, queremos jogar *videogame*.

Todos os dias da semana os netos saem da escola e vão para a casa da avó,

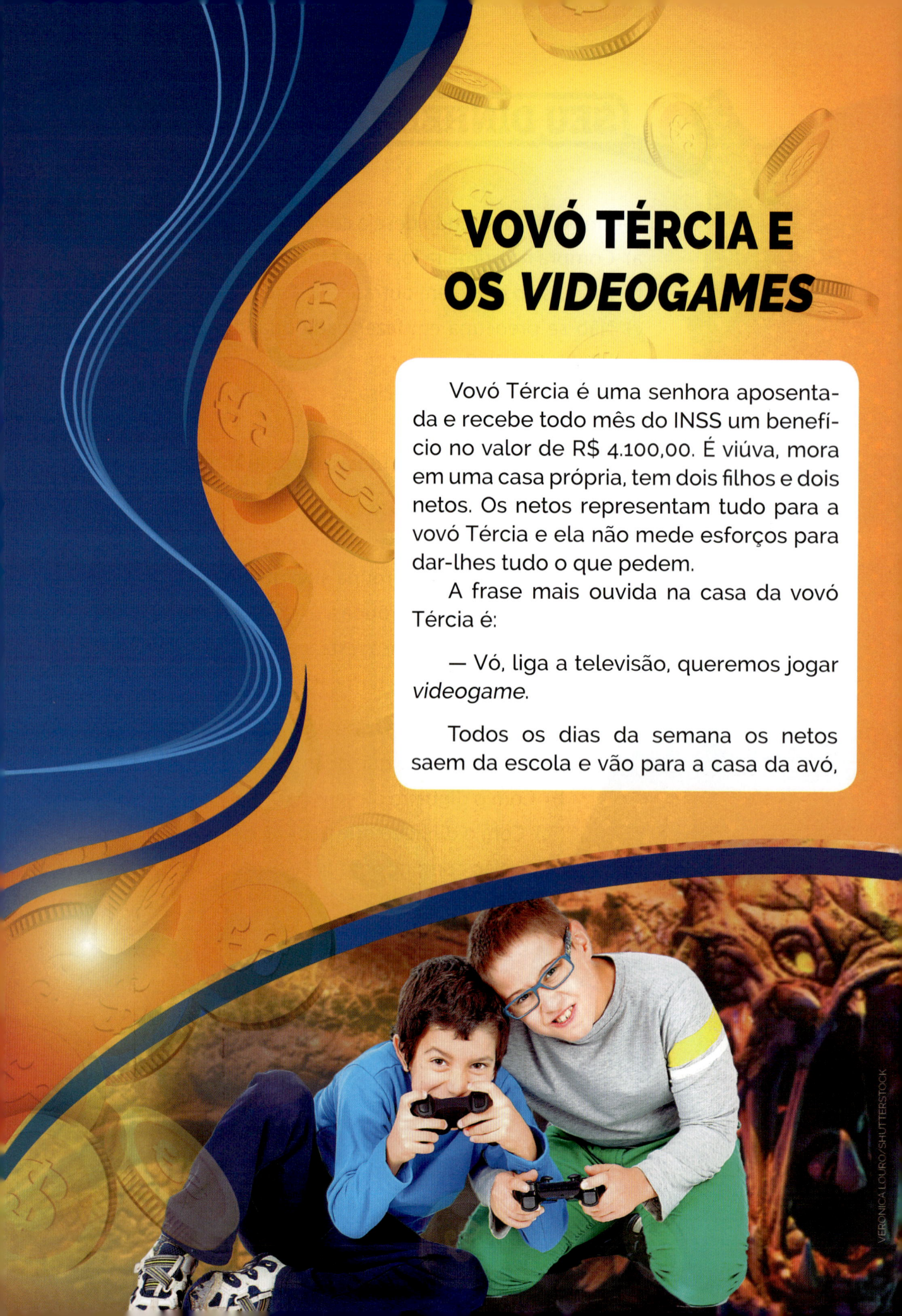

SYDA PRODUCTIONS/SHUTTERSTOCK

e nos fins de semana os filhos e os netos almoçam com ela.

Cada vez que é lançado um novo jogo, os netos da vovó Tércia imploram para que ela o compre – o último custou R$ 200,00, mas o console (microcomputador que executa o jogo) novo que seus netos querem não sai por menos de R$ 4.000,00.

Vovó Tércia não queria decepcioná--los e então resolveu mostrar a eles o seu orçamento, que é feito todos os meses.

Para fazer seu orçamento, ela usa um caderno e destina uma página para cada mês do ano. Na primeira linha do orçamento ela coloca o valor da aposentadoria, isto é, R$ 4.100,00. Nas demais linhas, ela relaciona os valores com as despesas de água, luz, telefone, supermercado, farmácia, plano de saúde, lazer e um agradinho para os netos e filhos. Na verdade, no final do mês não sobra quase nada... Seus netos viram no caderno de orçamento que no final do mês sobram R$ 350,00 e disseram à avó para ir ao banco e pedir um *crédito consignado*. Claro que vovó Tércia levou um susto – como seus netos sabiam o que era isso?! Meio sem jeito, perguntou a eles:

NANANTACHOKE/SHUTTERSTOCK

— O que é isso?

Não dava para acreditar! As crianças pareciam um gerente de banco. Primeiro, falaram da propaganda na televisão, talvez a vovó lembrasse; depois, explicaram a ela que se tratava de um empréstimo em que o valor a ser pago todo mês seria descontado automaticamente de sua aposentadoria e, por causa disso, da certeza do recebimento, a taxa de juros cobrada pelo banco seria menor do que as demais taxas oferecidas pelo mercado.

Impressionante perceber que as crianças sabiam muito bem do que estavam falando, até mesmo sobre a taxa de juros que beneficiaria a avó com um custo menor em razão da forma de pagamento do empréstimo.

Mas vovó Tércia não queria mexer naquela sobra de dinheiro do final do mês – era o seu único meio de ter uma reserva para uma despesa não prevista. No entanto, seus netos insistiram, disseram que era seguro e que ela não precisaria se preocupar em pagar carnês ou boletos no banco... Enfim, ela nunca teria surpresas ruins! Sentindo-se sem saída, vovó Tércia resolveu que isso seria conversado durante o almoço no fim de semana.

No domingo, as crianças chegaram para almoçar já falando do console novo do *videogame*. Vovó Tércia até tentou mudar de assunto, mas foi em vão. Então, ela resolveu apelar aos filhos e, para sua surpresa, a proposta dos filhos era tão ruim quanto a dos netos. Os filhos sugeriram que ela pagasse com o cartão de crédito em doze vezes por meio do *site* de vendas *on-line*.

Ninguém queria ouvir vovó Tércia, tampouco seu receio de ter uma despesa não prevista e não ter dinheiro para pagá-la. No fim do almoço, as crianças e os pais convenceram a vovó a comprar o novo console com o seu cartão de crédito. Agora, ela – que nunca deveu nada a ninguém – tinha doze prestações de R$ 333,33 para pagar! Seria um ano e tanto, sem ter nenhuma sobra em sua conta-corrente!

Passaram-se cinco meses e vovó Tércia não teve problemas para pagar a despesa do cartão, porém, no sexto mês, ela levou uma queda na rua. A queda nem foi tão feia assim, mas ela quebrou a perna e precisou ser operada.

De volta para casa, sem poder cozinhar ou limpar a casa, e agora sem dinheiro para pagar uma pessoa para ajudá-la, vovó Tércia pediu aos netos que limpassem a sua casa até que ela se recuperasse ou até quitar a dívida do cartão de crédito. Novamente, vovó Tércia ficou surpresa com seus netos: eles não queriam fazer nada! Afinal, eles estavam lá apenas esperando os pais chegarem do trabalho para buscá-los; enquanto isso, eles jogariam o *videogame* novo.

Foi nessa hora que vovó Tércia se arrependeu de ter aceitado a compra do console. No domingo, durante o almoço, ela contou a todos o que estava vivendo e mostrou que ela não precisaria de ninguém para ajudá-la se o cartão de crédito não tivesse sido usado para a compra do brinquedo. Todos ficaram quietos, mas não deram uma solução para a situação criada para a avó.

No dia seguinte, vovó Tércia escondeu o brinquedo. As crianças chegaram e não o encontraram, e logo foram perguntar para a avó o que havia acontecido. A resposta foi muito justa:

— Pagando uma prestação de R$ 333,33, o console custa aproximadamente R$ 11,00 por dia. Se não tiverem dinheiro para pagar, vocês podem lavar a louça e o banheiro. Os produtos de limpeza, os panos de chão e o balde estão na lavanderia.

Um olhou para o outro e, sem acreditarem no que estava acontecendo, não conseguiam responder nada para a avó. Então, ela os conduziu até a cozinha e lhes ensinou a lavar a louça e a pia e a secar o chão. Depois foram até o banheiro e aprenderam como se faz uma boa limpeza.

Durante três meses os netos limpavam a casa para depois jogar. Além de se recuperar, vovó Tércia percebeu que, para que os netos entendessem o quanto vale cada jogo, eles deveriam pagar com trabalhos domésticos e, por isso, fez o acordo com eles.

Um dia, enquanto assistiam a um programa na televisão, viram o anúncio de um novo jogo, mas nem pensaram em pedir para a vovó Tércia comprar!

MASTER-L/SHUTTERSTOCK

FRED CARDOSO/SHUTTERSTOCK

SEU DINHEIRO, SUA DECI$ÃO!

1. O que você acha de solicitar a um idoso que assuma uma dívida para comprar produtos que não têm utilidade para ele?

2. Você considera que a família ajudou a vovó Tércia quando a convenceu a não pagar juros no crédito consignado e a fazer a compra por meio do seu cartão de crédito?

3. O que você faria para ajudar a vovó Tércia a pagar as prestações, caso ela não tivesse dinheiro?

4. Você acredita que a atitude da vovó Tércia de cobrar ajuda dos netos foi correta? O que você faria?

EU, MINHA MÃE E A NOVA ESCOLA

Segunda-feira comecei o dia vestindo um novo uniforme, fazendo um novo caminho, para uma nova escola, com alunos que nunca vi. Tudo absolutamente novo!

Antes de todas essas mudanças, os meus dias começavam na antiga escola pela manhã; ao meio-dia, voltava para casa, almoçava, fazia minhas lições e depois de terminá-las ia para o computador jogar com meus amigos e checar as novidades nos *sites* de jogos.

Aos sábados, acordava e voava para o quarto de minha mãe com a relação de tudo o que queria comprar. Claro que ela nunca permitiu que eu comprasse tudo,

mas eu podia escolher alguns itens que quisesse. Enfim, eu passava os fins de semana com minha mãe gastando!

✓ brinquedos ou roupas	R$ 100,00
✓ cinema ou teatro	R$ 60,00
✓ almoço	R$ 70,00
✓ estacionamento	R$ 15,00
✓ lanche	R$ 50,00
Total de gastos no fim de semana	R$ 295,00

Tudo ia bem até que um dia a minha mãe me chamou para conversar e me disse que ela havia se perdido nas contas. Na verdade, ela acreditava que daria para manter tudo o que nós gastávamos, mas infelizmente ela estava errada, já não podíamos gastar tanto dinheiro como antes, teríamos de mudar algumas coisas no nosso jeito de viver!

Na hora eu pensei: "Vamos ter de mudar de casa? E meus amigos? Vão ficar longe da nova casa?". Mas logo minha mãe me explicou que não se tratava desse tipo de mudança – nós teríamos de mudar de vida! Alguém imagina isso?! Deixar de fazer as coisas de que gosta, de ir ao *shopping* se divertir e de comprar coisas novas! Pois foi o que aconteceu!

Então, a partir daquele dia, para cada compra que fazíamos nós nos perguntávamos qual era o motivo para gastar o dinheiro.

Eu nunca soube o que era ir a um supermercado – eu sempre tive tudo em casa, tipo fácil! E foi justamente aí que aconteceu a grande mudança na nossa rotina.

Hoje, nós não gastamos muito tempo fazendo compras, aprendemos a fazer uma lista do que comprar antes de sair de casa para ir ao supermercado, e na lista só tem o que *realmente precisamos*. Isso não era feito antes, e como não havia uma relação do que estava faltando em casa, comprávamos tudo o que queríamos, mas nem sempre tudo o que precisávamos.

Mas, para mim, a mudança que mais senti foi deixar de ir ao cinema, andar pelo *shopping* sem poder comprar nada. Que ruim, hein?! Às vezes, durante esses passeios, eu ainda tento conseguir alguma coisa e falo para minha mãe: — Olha que barato, mãe! Mas ela finge que não ouve.

Para não viver mais isso, decidimos ir a parques, andar de bicicleta, ir a cinemas fora dos *shoppings* ou ir à praia.

Mas essas não foram as únicas mudanças: agora fico na nova escola o dia inteiro, não volto mais para minha casa na hora do almoço, e faço minha refeição e a lição de casa na própria escola, onde passei a jogar futebol, vôlei, basquete e a conhecer novas pessoas.

Na verdade, hoje tenho muito mais amigos!

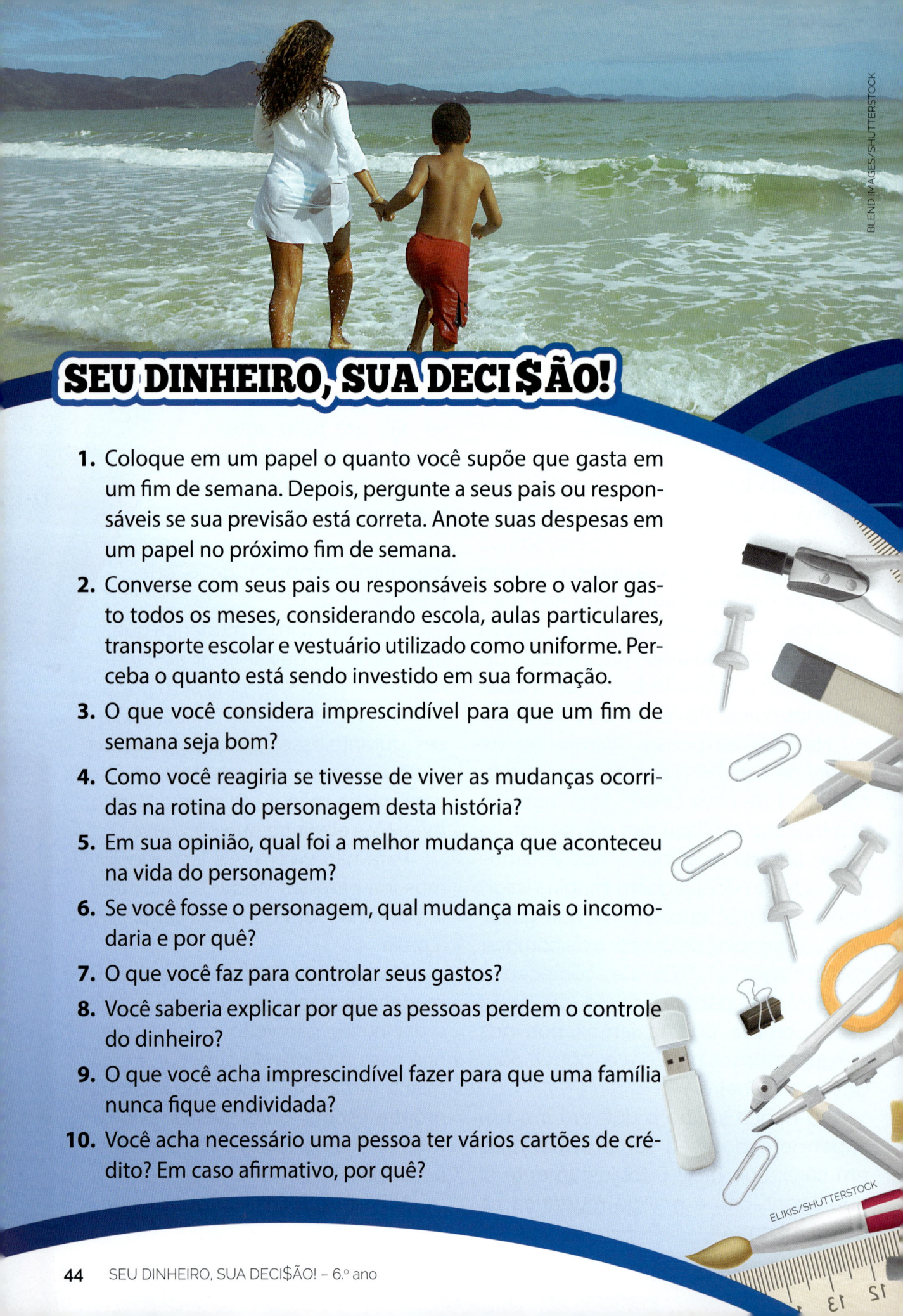

SEU DINHEIRO, SUA DECI$ÃO!

1. Coloque em um papel o quanto você supõe que gasta em um fim de semana. Depois, pergunte a seus pais ou responsáveis se sua previsão está correta. Anote suas despesas em um papel no próximo fim de semana.

2. Converse com seus pais ou responsáveis sobre o valor gasto todos os meses, considerando escola, aulas particulares, transporte escolar e vestuário utilizado como uniforme. Perceba o quanto está sendo investido em sua formação.

3. O que você considera imprescindível para que um fim de semana seja bom?

4. Como você reagiria se tivesse de viver as mudanças ocorridas na rotina do personagem desta história?

5. Em sua opinião, qual foi a melhor mudança que aconteceu na vida do personagem?

6. Se você fosse o personagem, qual mudança mais o incomodaria e por quê?

7. O que você faz para controlar seus gastos?

8. Você saberia explicar por que as pessoas perdem o controle do dinheiro?

9. O que você acha imprescindível fazer para que uma família nunca fique endividada?

10. Você acha necessário uma pessoa ter vários cartões de crédito? Em caso afirmativo, por quê?

FÉRIAS NA PRAIA

A única coisa que Mônica não precisa planejar é a data em que sairá de férias, pois todos os anos elas estão marcadas para a primeira quinzena de janeiro, isso desde que os meninos entraram na escola. Eles podem aproveitar todo o mês de férias, passando quinze dias com os pais e os outros quinze se dividindo entre os avós maternos e os avós paternos. Que delícia, hein!?!

Tem outra coisa que também não muda nas férias da Mônica: são os preços das coisas que sempre aumentam no mês de janeiro. É um mês difícil para pensar em

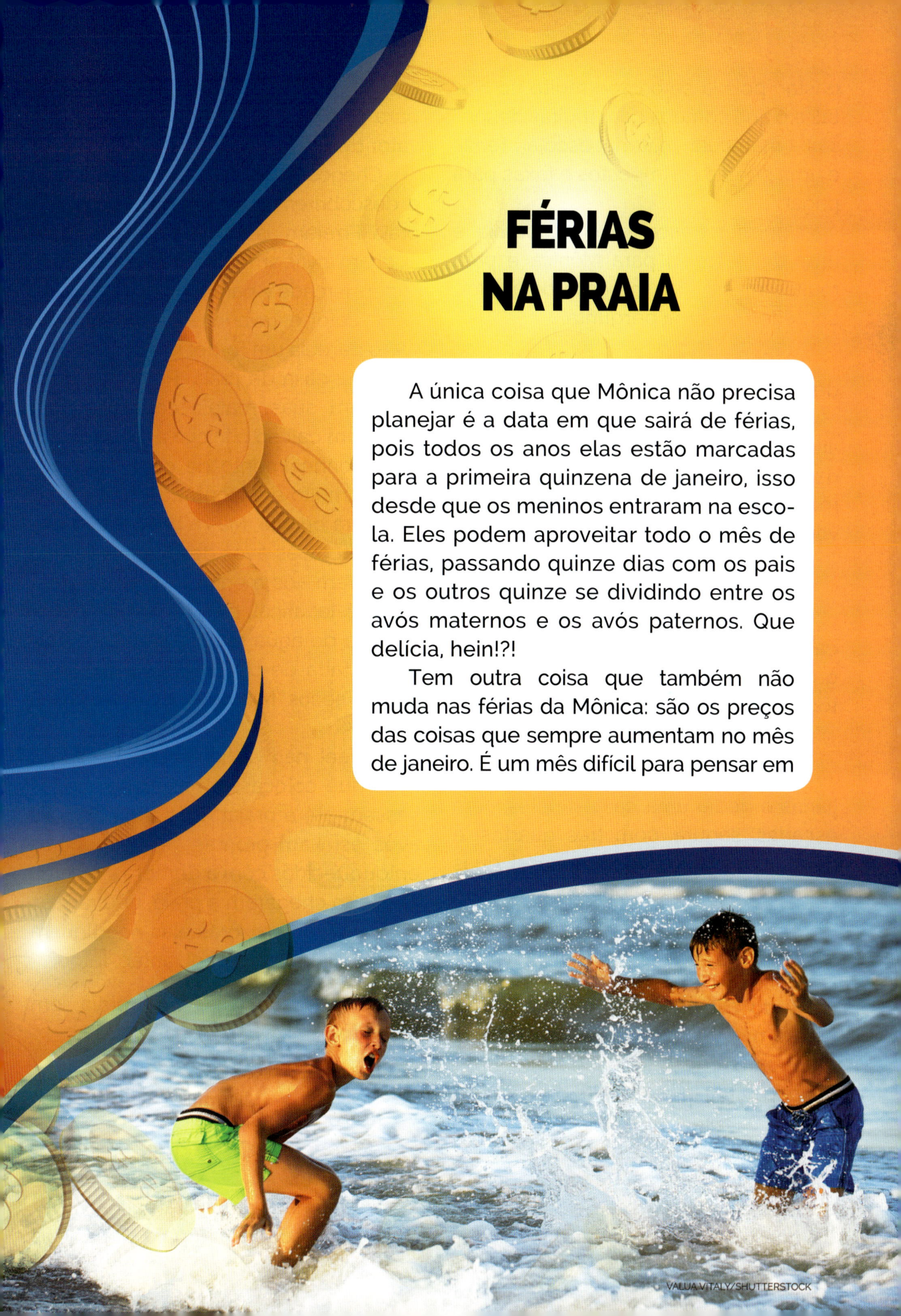

gastar, pois já se gastou muito no Natal, e o ano começa com muitas despesas – matrícula, material escolar, férias e uma porção de impostos e taxas para pagar.

Conciliar descanso e economia é uma difícil tarefa para Mônica e para muitas mães! Mas, na casa dela, tudo começa com uma pergunta:

— Rafael e Lucas, onde gostariam de passar as férias?

— Puxa, mãe, ia ser bem legal se alugássemos uma casa na praia, perto da casa dos nossos amigos. Aí passaríamos o mês inteiro nos divertindo, o que você acha?

Mônica respondeu animada:

— Adorei. Temos de encontrar uma casa com três quartos, mas que o aluguel não passe de R$ 2.000,00 para todo o mês de janeiro.

— Irado! – vibraram Rafael e Lucas.

Mônica ligou para algumas imobiliárias e pediu uma casa simples, sem escadas, segura, com três quartos, e que pudesse acomodar um casal, duas senhoras de idade e dois meninos, um de 13 e outro de 15 anos. Após uma semana, a corretora lhe ofereceu uma casa antiga, mas muito boa!

Tudo estava dando certo: a casa estava no local escolhido pelas crianças e com um aluguel que Mônica podia pagar. Ela já havia feito o orçamento para as férias com base nos preços praticados em sua cidade, e iria levar todas as compras para a praia, pois assim não correria o risco de gastar mais do que tinha previsto. Para as despesas extras, ela contaria com as avós para controlar os gastos na praia até o valor de R$ 700,00.

Chegou o dia de caírem na estrada e descobrirem o que havia na casa de praia. Fizeram as malas, pegaram o que queriam levar, arrumaram as compras de supermercado e partiram para as férias.

O calor estava intenso e dentro do carro parecia um forno! Assim que chegaram à casa de praia, Rafael e Lucas pegaram suas malas, correram para vestir um calção e iniciar a "expedição" de reconhecimento da casa. Não demorou muito e encontraram um esguicho para brincar. Mas a brincadeira durou pouco... as avós desligaram a água e pediram aos meninos para não desperdiçá-la; afinal, eles teriam de pagar a conta de água e, para piorar a situação, a falta de chuva estava deixando os rios secos. Muito certas essas avós, não!?

Rafael não se importou, pediu às avós que colocassem o maiô e os levassem até a praia! Após uma hora as avós estavam prontas... e os meninos enlouquecidos com a demora e o calor. Tão logo chegaram à praia, pediram às avós um sorvete, mas elas não tinham levado dinheiro... Rafael, então, falou:

— Vó, quem vem para a praia sem dinheiro?

A resposta foi curta:

— Nós duas!

— E agora, vó? Como nós vamos tomar sorvete?

— Nós não vamos, Rafael! Nós viemos para nadar e não para tomar sorvete. Amanhã nós traremos dinheiro, está bem?

Os meninos esqueceram o sorvete e foram brincar na praia e pular ondas, até que...

— Nossa, vó, veja quanto papel de sorvete na praia! Que mala... o mar vai levar tudo para o fundo e a água vai ficar bem suja!

Mais tarde, Rafael e Lucas encontraram duas meninas com um saco de lixo recolhendo todos os papéis e copos que estavam na praia. Assim que as meninas os viram, perguntaram:

— Vocês também jogaram lixo na nossa praia?

Rafael respondeu:

— Não, não temos dinheiro nem para comprar sorvete, como poderíamos jogar papel na areia da sua praia? E, mesmo que tivéssemos comprado sorvetes, trazemos o nosso próprio saco de lixo para recolher os papéis! Aliás, quem joga tudo isso na areia? Tem um monte de lixeira por aqui!

As meninas ficaram quietas e foram embora.

— Puxa, quanto lixo! – disse Rafael. — Será que é sempre assim? As pessoas vão embora e largam toda essa bagunça? "Bad", muito "bad"...

No dia seguinte, enquanto conversavam com os amigos, Rafael e Lucas viram um menino vendendo sorvetes e resolveram pedir às avós dinheiro para comprar um.

— Vó, você pode dar dinheiro para comprarmos um sorvete?

— Claro, vá lá e pergunte o preço do sorvete que você quer.

Lucas e Rafael saíram como um raio atrás do menino do sorvete e perguntaram quanto custava cada um. Não tiveram coragem de voltar e falar o preço para a avó, pois era o dobro de qualquer picolé vendido na cidade. Eles não entenderam nada! Rafael olhou para o Lucas e perguntou:

— Ele não quer vender sorvete, é isso?

Nessa hora a avó chegou e já foi perguntando:

— Então, qual picolé vai ser?
— Nenhum, vó – respondeu Lucas. — O menino está vendendo o picolé a R$ 10,00 reais cada um. É muito caro!

De volta a casa, falaram para o pai o valor do picolé cobrado na praia. Ele lhes explicou claramente:

— É caro, eu concordo! Mas, veja bem: o garoto leva o sorvete até a praia, anda para lá e para cá debaixo de um sol escaldante, enquanto vocês se divertem, e, além do mais, não tem tanta gente na praia o ano inteiro. Então, ele tem de ganhar dinheiro é agora!

— Mas, pai, nós não vamos pagar esse preço!

— Eu sei, meus filhos! Mas isso acontece no supermercado, na feira, no açougue, na peixaria! Se não é época de morango, o preço do morango sooooobe... se falta água e o gado fica sem pasto, os preços da carne e do leite sooooooobem... se é Semana Santa e os católicos não comem carne, o preço do peixe sooooobe! É assim, meus filhos! Por isso, muitas vezes não compramos o que vocês pedem, porque o preço está aaaalto!

Mas as férias só estavam começando... e para a família de Rafael e Lucas tudo ainda estava dentro do orçamento.

SEU DINHEIRO, SUA DECI$ÃO!

1. Quando você sai de férias, seus gastos são com a alimentação e o lazer (sorvete, *pizza*, aluguel de prancha) ou você compra roupas e artigos para diversão?

2. Você se interessa em conversar com seus pais ou responsáveis a respeito de onde passarão as férias e qual o valor destinado para esse período? Em caso negativo, por quê?

3. Você, durante as férias, pagaria um preço muito mais alto para comprar alguma coisa ou ir a algum lugar, como *show*, pizzaria, outros?

4. Em caso afirmativo, o que seriam esses bens ou serviços e que percentual a mais você estaria disposto a pagar para obtê-los?

5. Como você pode manter um orçamento vivendo em uma cidade onde a maioria dos estabelecimentos está praticando preços acima do normal?

6. O que você acredita que pode ser feito para que as pessoas não joguem lixo na rua nem deixem lixo na praia ou no parque?

NÃO, NÓS NÃO GANHAMOS MESADA!

Naomi chegou em casa e perguntou a sua mãe se ela poderia lhe antecipar a mesada. A resposta de sua mãe foi clara:

— Não, pois a empresa onde trabalho não antecipa meu salário.

Naomi estava inconformada: ela queria comprar um ingresso para um *show* e não tinha mais dinheiro. O pior era saber que só teria mais um dia para comprar o ingresso. Então, Naomi pegou o telefone e resolveu pedir ajuda a todos da família. Começou pelo primo Douglas.

— Douglas, tudo certo com você? Então... eu quero ir a um *show*, mas estou sem dinheiro. Você pode me emprestar R$ 100,00?

— Oi, Naomi, por aqui tudo bem! – disse Douglas. — Puxa vida, não vai dar para ajudar, não tenho nada! Este mês não consegui fazer nenhum trabalho, nem aqui em casa nem fora!

Naomi não havia entendido nada. Douglas precisava trabalhar para conseguir algum dinheiro? Mas o tempo estava correndo e ela ainda precisava ligar para alguns amigos.

— Koiti, tudo certo com você? Então... eu quero ir a um *show*, mas estou sem dinheiro. Será que você pode me emprestar R$ 100,00?

— Fala, Naomi, por aqui estamos zerados... vou ter de desapontá-la! Mais para o fim da semana vou receber um dinheirinho de um trabalho de jardinagem que vou fazer. Dá para esperar? – disse Koiti.

— Não. Não dá! Você não consegue receber esse dinheirinho adiantado?

— Claro que não, Naomi! Eu vou fazer um trabalho de jardinagem, tenho de ter as plantas, e só depois de pronto é que receberei o dinheiro!

E o mesmo aconteceu com os amigos Márcia e Eduardo: ninguém tinha condições de lhe emprestar dinheiro para o ingresso. Bateu o desespero! Afinal de contas, o que essas pessoas faziam com a mesada delas? Gastavam tudo? Nesse momento, sua mãe lhe lembrou que ela gastava toda a mesada e não guardava nada.

Como último recurso, Naomi resolveu entrar no *face* e pedir ajuda a outros amigos, mas não conseguiu nada com a turma! Como podia ser isso? O que todos faziam com a mesada?

Para surpresa de Naomi, ela descobriu que aqueles amigos não recebiam mesada e ficaram sem entender por que ela achava normal ganhar um dinheiro sem fazer nada em troca!

LIZA54500/SHUTTERSTOCK

KUPRYNENKO ANDRII/SHUTTERSTOCK

SEU DINHEIRO, SUA DECI$ÃO!

1. Se você recebe mesada, como administra esse dinheiro? A mesada representa um limite para os seus gastos durante o mês?

2. Você realiza alguma atividade para receber a sua mesada?

DOAÇÃO

— Ai, meu senhor, daqui a três dias será o dia de doar, mas eu não tenho nada para doar. Ao contrário, estou esperando que alguém doe alguma coisa para mim!

— Está falando sozinha, Rita?

— Não, mãe, estou colocando o meu desespero para fora!

— Noooossa, mas o que aconteceu de tão ruim, minha filha?

— Ainda não aconteceu, mas vai acontecer... – disse Rita.

— O quê?

— Tenho de levar uma doação para a escola, mas até agora não encontrei nada para doar! Já revirei meu guarda-roupa, meus livros, meus brinquedos, meus vídeos, minhas bijuterias e nada!

— Puxa, Rita, que estranho... Os livros que você já leu você não pode doar? Os brinquedos que você não usa mais e só servem para enfeitar o seu quarto, também não? E o seu tempo livre para ajudar as pessoas que precisam? Você pode, por exemplo, ajudar a servir a merenda aos pequenos, ensiná-los a comer ou brincar com eles no recreio.

— Nossa, mãe! Os meus livros tão fofos, os meus brinquedos tão bem cuidadinhos, por que eu tenho de doar?

— Rita, por que você acha que uma criança gostaria de receber um brinquedo quebrado ou um livro rasgado ou uma roupa toda gasta?... Quem sabe um sapato quase sem sola?

— Mas eu não disse que elas gostariam de receber isso, mãe!

— Disse, sim, Rita. Se você não quer doar nada porque tudo está muito lindo, é porque você acha que só se doa o que não presta!

— Ai, mãe! É verdade, né?. Mas eu gosto tanto das minhas coisas!

— Você já viu a reação de quem recebe uma doação?

— Claro que não, mãe! Você sabe que eu nunca doei nada.

— Escolha um brinquedo que esteja em ótimo estado e ofereça a uma criança. Depois me diga se você não se sentiu compensada em ver a alegria dela.

— Acho que vou optar por ajudar a servir a merenda ou brincar no recreio.

Rita passou o dia da doação brincando com as crianças e servindo almoço, se apegou a várias delas e resolveu voltar no dia seguinte. Depois de alguns dias, Rita separou alguns brinquedos para doar e também livros para contar estórias para as crianças.

— Rita, aonde vai com tudo isso?

— Levar para as crianças, elas não vão acreditar; veja como separei tudo, mãe!

— Muito bem, Rita! Como lhe disse, nada pode ser melhor do que ver um sorriso no rosto de quem você nem conhecia!

BILLION PHOTOS/SHUTTERSTOCK

NATALIA BASKOVA/SHUTTERSTOCK

SEU DINHEIRO, SUA DECI$ÃO!

1. Qual é o tipo de ajuda ou doação que você estaria disposto a fazer?

2. Se você fosse convocado a participar de um mutirão, cujo objetivo é separar os itens doados segundo as faixas de idade a que se destinam para que possam ser despachados a quem precisa, você iria?

3. Você convidaria um(a) amigo(a) para ajudá-lo(a) a dar aulas a pessoas carentes?

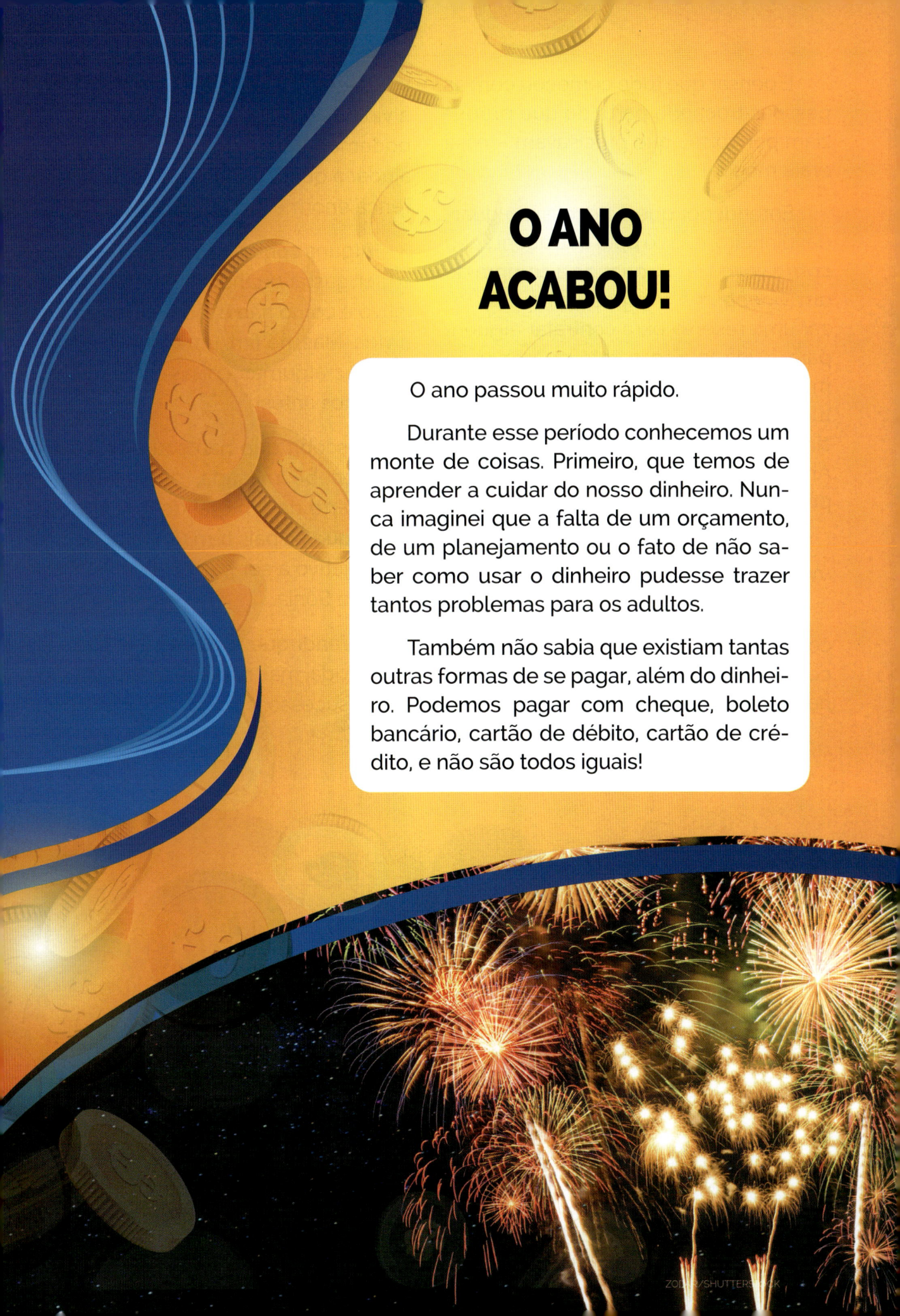

O ANO ACABOU!

O ano passou muito rápido.

Durante esse período conhecemos um monte de coisas. Primeiro, que temos de aprender a cuidar do nosso dinheiro. Nunca imaginei que a falta de um orçamento, de um planejamento ou o fato de não saber como usar o dinheiro pudesse trazer tantos problemas para os adultos.

Também não sabia que existiam tantas outras formas de se pagar, além do dinheiro. Podemos pagar com cheque, boleto bancário, cartão de débito, cartão de crédito, e não são todos iguais!

E pensar que tudo começou com as pessoas trocando parte do que produziam por coisas que precisavam – essa era a moeda!

Entendi por que é necessário guardar dinheiro, não só pelo que aconteceu com a vovó Tércia, quando a compra de um *videogame* a impossibilitou de fazer uma reserva para contratar alguém para ajudá-la. E o garoto que teve de mudar de escola? Que bom que deu tudo certo! Mas será que é sempre assim? A estória da cigarra e da formiga... Ah, esta deixou ainda mais claro que precisamos poupar.

A verdade é que nós nunca achamos que alguma coisa pode dar errado!

Alguns contos me fizeram pensar como é importante saber o valor das coisas, descobrir as nossas verdadeiras necessidades e não só seguir os nossos desejos, a importância em respeitar a vida dos outros e ajudar aqueles que podemos. Aliás, respeitar os outros e ajudar a quem precisa fazem uma diferença enorme em nossa vida!

Alguns contos me mostraram como é fácil gastar quando não temos um objetivo e como não é tão fácil recomeçar a vida. Mas, no fim, um recomeço sempre traz algumas coisas boas que não tínhamos antes!

Descobri que não sou o único que não recebe mesada, e também que faço parte de um grande grupo, aquele em que os pais têm um orçamento e um objetivo a ser perseguido, como na casa da Sônia.

Aprendi que o dinheiro é parte da nossa vida, mas não é responsável pelo nosso sucesso.

Meu Blog Financeiro

Por que tenho de aprender Educação Financeira se ainda não pago contas?

Minhas decisões: _____

_____

_____

_____

_____

_____

_____

_____

_____

_____

_____

O que são "valores"?

Minhas decisões: _____

_____

_____

_____

_____

_____

_____

_____

_____

_____

_____

Meu Blog Financeiro

Quem inventou o dinheiro?

Minhas decisões: _____

_____

_____

_____

_____

_____

_____

_____

_____

_____

_____

Como posso pagar? Cheques

Minhas decisões: _____

_____

_____

_____

_____

_____

_____

_____

_____

_____

Meu Blog Financeiro

Como posso pagar? Cartão de crédito

Minhas decisões: _____

_____
_____
_____
_____
_____
_____
_____
_____
_____
_____

Como posso pagar? Boleto bancário

Minhas decisões: _____

_____
_____
_____
_____
_____
_____
_____
_____

Meu Blog Financeiro

Como posso pagar? Cartão de débito

Minhas decisões: _____

_____

_____

_____

_____

_____

_____

_____

_____

_____

_____

A fábula da cigarra e da formiga

Minhas decisões: _____

_____

_____

_____

_____

_____

_____

_____

_____

_____

_____

Meu Blog Financeiro

A casa de Sônia

Minhas decisões: _____

_____

_____

_____

_____

_____

_____

_____

_____

_____

_____

_____

_____

Caro ou barato?

Minhas decisões: _____

_____

_____

_____

_____

_____

_____

_____

_____

_____

_____

_____

Meu Blog Financeiro

Vovó Tércia e os *videogames*

Minhas decisões: _____
_____
_____
_____
_____
_____
_____
_____
_____
_____
_____
_____

Eu, minha mãe e a nova escola

Minhas decisões: _____
_____
_____
_____
_____
_____
_____
_____
_____
_____
_____

Meu Blog Financeiro

Férias na praia

Minhas decisões: _____
_____
_____
_____
_____
_____
_____
_____
_____
_____
_____
_____
_____
_____
_____

Não, nós não ganhamos mesada!

Minhas decisões: _____
_____
_____
_____
_____
_____
_____
_____
_____
_____
_____
_____
_____

Meu Blog Financeiro

Doação

Minhas decisões: _____

_____
_____
_____
_____
_____
_____
_____
_____
_____
_____
_____

O ano acabou!

Minhas decisões: _____

_____
_____
_____
_____
_____
_____
_____
_____
_____
_____
_____